回应桑德尔及其他

李泽厚

A Response to Michael Sandel
and Other Matters

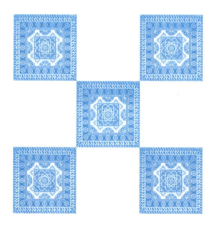

生活·讀書·新知 三联书店

目 录

I 理性与情理

从头讲起 3
什么是哲学 8
中国哲学 11
情、欲、钱 13

II 个体主义与关系主义

正义何来 19
总览表 23
功利主义 26
自由主义 30
反自由主义 33
物质刺激 37

历史与道德的张力 40

类似却不相同 44

荀子 47

情感和谐高于理性正义 53

为时过早 57

Ⅲ 从Kant谈人性与善恶

人是目的 65

普遍立法 67

自由意志 69

伦理与道德 71

四个箭头 73

人性情感 76

孟荀统一于孔子 78

不能倒过来 83

善恶观念 90

蔡元培的话 93

至善 94

《三字经》与公民课 99

价值中立 101

权利优先于善 108

内圣外王之道 113

孔夫子加Kant 117

Ⅳ 馀论

    儒教　127

    孔颜乐处　132

    新的解说　135

    全文结语　142

附录

    说儒法互用（1999）　147

I

理性与情理

从头讲起

问:你知道迈克尔·桑德尔(Michael Sandel)吧?

答:知道。九十年代我读过一批社群主义(Communitarianism)的书,也包括他的《民主的不满》等。

问:对社群主义你如何看?

答:《己卯五说》(1999)特别是《历史本体论》(2002)中有所评论,已十多年了。迄今看法没有改变。简而言之,认为社群主义是具有长久自由主义传统的发达国家的产物,有参考借鉴价值,但直接搬用,危险甚大。

问:Sandel 近来很红,在欧洲、日本、中国到处演讲,受到热烈欢迎,被誉为学术世界的超级明星。你愿意以你的伦理学如"两德论"回应一下他的观点和问题否?

答：可以。我不久前读了他的 *Justice: What's the Right Thing to Do?*（2010平装本）和 *What Money Can't Buy: The Moral Limits of Markets*（2013平装本）。他在这两书中，突出美国等（也包括中国）由市场经济（他赞成）走向"市场社会"（他反对），即一切均可买卖，已无道德可言，对此深表忧虑。他举了很多事例。中国还没到这一步，但已开始了，所以值得注意。当然，中国问题更复杂，市场还不够发达，正因为此，可以未雨绸缪，这也就是我要提出"两德论"（《哲学探寻录》，1994；《历史本体论》2002）的原因。

问：*Justice* 是世界畅销书。你印象如何？

答：我欣赏它彻底避开了学院语言，深入浅出地触及要害，虽然在理论上并无原创。这里要着重说明的是，Sandel是根据两百多年美国历史和现状，举例论证他的观点，中美在这两方面差异都很大，我没有可能也没有必要逐一讨论他那许多例证和问题，而只就他的基本观点从中国历史和现状作些回应。同时要说明，这不是学术论著，只是一个挂一漏万的粗略对谈。

问：你刚才提到"两德论"，你还提出"历史与伦理的二律背反"、"历史在悲剧中前行"、"和谐高于正义"等等，与他的问题相关吗？

答：相关。这些基本观点可以回应他所尖锐提出"市场与道德"问题。但还得以我为主，从头即从中国传统的"情本体"等命题讲起。"正义"主要是"理"，而"和谐"是"情理"。拙著《论语今读》前言中说，"文化心理结构的核心"是"情理结构"。拙著《中国哲学如何登场？》一书又强调以"行动（'天行健'）—生命—情理—一个世界"与"逻辑（logos）—语言—理性—两个世界"来作为中西哲学、思想的根本性差异，认为"情理"而非"理性"是中国伦理学与包括 Sandel 在内西方伦理学的重要区分的哲学基础，也是今天谈论"市场与道德"问题的一个要害。

问：你不是一直强调"理性"吗？并多次提过 Aristotle "人是理性的动物"的"定义"，但又强调"理性"不同于"情理"。

答："情"与"欲"相联，"欲"属于动物本能，Aristotle 突出了人区别于动物本能的理性。但人又仍然是动物，不是神灵，不能摆脱欲望，所以就有这个"情理结构"（emotional-rational structure）的问题。Aristotle 和许多西方哲学家如 Hume 也对人的欲望和情感作过各种细致区分和大量的经验描述，但未在根本上进行讨论。与此不同，中国原典儒学一开头便重视这个问题，并以之为出发点。

问：但你也说过，汉代便讲"性善情恶"，宋明理学更是"存天理,灭人欲",贬低情感的地位。

答:所以我说要回归原典儒学,承继"道始于情"、"礼生于情"而提出"儒学四期"和"情本体"。

问:看来,在讨论 Sandel 之前,先得谈谈"理性""情理"这些问题。例如,什么是"理性",它从何而来?

答:这样一来便要扯得很远,的确是从头说起,而且又得老重复自己了。以前我便多次说过,"理性"一词解说纷纭。我基本界定它是人类群体将其活动自身及其对对象的把握加以可重复的秩序化、规范化、形式化,以语言记录保存在群体成员的自觉意识中,并传递给下代,形成了区别于其他动物族类的心理构建。而这个"人类群体"的基本活动就是制造—使用工具以获得生存的物质实践,我称之为工具本体。

问:但你同时又提出和强调人类独有的心理构建。即你所谓的"双本体"论。

答:后者也是一个非常庞大而复杂的系统。如以前所说,其中包括三方面:A)由语言训令所呈现的群体规范对个体行为以及本能欲求的控制和主宰的理性凝聚,即意志;B)由动作到操作—技艺所完成并发展为逻辑和数学的理性内构，即认识；C）秩序、规则、形式对个体感知的渗透交织的理性融化，即审美。这已讲了几十年了。在这三者中，理性与情感的结构关系便很不相同。

问：你一直把"理性"追根溯源归结为使用—制造工具的活动。但一些动物不也有此活动吗？

答：这问题已回答了很多次。使用—制造工具活动的普遍性（无之必不然，即人类不能生活）成为人类生存的必要条件，使用—制造工具的多样性成为人类生存的充分条件（有之必然，使人类生活不断发展），这就是区别于黑猩猩等动物使用—制造工具不同的地方。有此普遍性和多样性，上述"理性"才能产生或出现。

问：所以你强调"学而第一"，使用—制造工具并非天生能耐，是需要经过"学"才能获有和传递。

答：《论语》一书，强调的便是"学"。《论语》当然不是强调学制造工具，而是强调"学做人"。这恰恰就是伦理学。伦理学的对象是人的行为，即使在原始状态，规范人的行为也先于规范人的认识，这一点我在八十年代已讲过。"礼"就是行为规范。孔子一生讲"礼"，"学"什么？学"礼"。人要"立于礼"，就必须"学"，"我非生而知之者，好古，敏以求之者也"，"十室之邑，必有忠信如丘者焉，不如丘之好学也"。这个"学"就不只是"学"获得"理性",而是"学"如何构建塑造人区别于物的"情理结构"。为什么原典儒学重礼乐并行,即以此故。所以我说不是神秘的"天",也非先验之"善",而是脚踏实地的"学",才塑建出人的"情理结构",构成了人类本体。

问:你一贯强调"理性"不能替代"情—理",逻辑、语法不能等同于心理。大脑大于意识,意识大于理性。

答:这也是中国哲学传统,既重视人的理性,同时重视人是具有本能欲求和自然需要的生物体,不能用某种道德的理性理念将它们抹杀。今天的市场经济打开了这个本能欲望的魔盒,有效地、充分地满足并制造出人的各种欲望,以至"物欲横流"。光用理性原则和道德律令,不讲情理结构,不能解决问题。Freud 发现了超我对本我的压制。各种宗教教义和各种主义教条以理性律令来压制情欲。八个样板戏里无爱情,但今天重来,恐怕行不通了。

什么是哲学

问:你所欣赏的当代英美心灵哲学(Philosophy of Mind)不也正在研究情理关系等问题吗?

答:心灵哲学也有不同派别,我重视的是以语言分析为途径和依靠,结合脑科学成果,其中有指向"情理结构"的研究。它在哲学专业领域内也大有取代分析哲学的趋向,与我提出"走出语言"的想法合拍,我非常赞赏。我以为正如当年语言哲学对我们了解语言的"意义"、用法、谬误从而厘清思想混乱大有助益一样,心灵哲学对我们了解"心灵"、厘清情感、欲望与思维、理性的关系也会大有助益。但是,也有如语言哲学一样,它已逐渐成为某种非常专业、技术性很强、细密谨严的准科学,只有极少数人能了解和懂得。它不再提出宏观性的哲学命题。包括像 Sandel 提出"市场与道德"这种宏观性问题,心灵哲学大概不会提了。而我以为提出宏观命题才是哲学的任务。

问:好,干脆扯远一点,什么是哲学或哲学是什么?

答:Hegel 当年曾嘲笑英国人把许多东西都叫哲学,在 Hegel 看来,只有对真理的抽象思辨,实际也就是指自希腊以来经过严格逻辑思辨的概念推演才叫哲学。所以 Hegel 根本瞧不上孔老夫子的"处世格言",认为那不是哲学。但并不是所有人都同意 Hegel 的看法,所以这问题并未解决。"什么是哲学"或"哲学是什么"的书籍也在不断出版。各念各的经,各唱各的调。

问:你如何看?

答：有如 Hegel 所言，哲学在某种意义上也可以说是哲学史的哲学，即哲学常常是在前辈哲人基础上再次提出新的宏观视角和概念。就西方说，哲学有其"理性"的遗传基因，即希腊哲学特别是 Plato、Aristotle 所定下的格局。如对 Being 的寻求、Truth 的探询，等等。它在中世纪变为神学的仆从，即理性地、逻辑地论证上帝的存在。自文艺复兴摆脱神学之后，创造了近代西方哲学高峰。另方面它又不断地分化成为逻辑学、伦理学、政治哲学、法哲学、美学以及今天的语言哲学、心灵哲学等等，日渐走向科学化或专业化，变成了好些专业领域，于是"哲学终结"。Heidegger、Wittgenstein 之后好像没有"哲学"了。

问：真没有哲学了吗？

答：实际上依然存在。

问：为什么？

答：如同艺术一样，各种哲学虽然产生在特定时空环境内，却常常超越它们而获有长久价值，使得人们频频回顾。这是因为人生、命运、宇宙、人活着、为什么活、活得怎样（活在哪种境界里）这些大问题总不断地甚至永远地困惑着、干扰着人们，总让人们去寻求了解、寻求回答而思考。随着时代和生活的变迁，人们也不断提出各种不同的宏观视角和概念。例如人为何要道德？道德又是什么？人们就在不断地寻求解答。所以我说形而上学每次都埋葬它的埋葬者。著名科学作品可以过时而被搁置，但今天人们还在读《老子》和 Plato。读艺术是获得感受形式，读哲学是体认情理结构。

中国哲学

问：如果这样说，中国传统思想里当然也有哲学，哲学并不止西方哲学史着重理性推演的形态。

答：B. Russell 很聪明，不同于以前的书名，他明确他所写的只是《西方哲学史》。可是，近百年来中国学人写的《中国哲学史》却总是以西方那套模式来解说中国，丢失了中国哲学中的许多核心遗产，例如"情理结构"。我以亲身事例说过，许多年前我谈"情本体"时，一位研究西方哲学、学养甚优的老同事便问我：那还算"哲学"吗？

问：因此你想以"情本体"、"情理结构"来建立中国哲学在世界哲学中的独特地位？

答：它其实更是对当代西方流行、中国学界也效颦不已的后现代反启蒙反理性哲学思潮而发。大家知道，我一向反对反启蒙反理性，非常肯定理性与启蒙，但同时又强调不能止于理性与启蒙，八十年代我提过"提倡启蒙，超越启蒙"，我认为理性如何与情绪、欲望发生关系、产生人性,才是更重要的课题。后现代反理性是破坏性的,我讲"情本体"、"情理结构",再度提出人性问题,是建设性的。并认为它来自中国传统,却有世界普遍性,希望它与在现实实践中的中国之路能相交会配合,从八十年代以来我一直主张如此。

问:你的"情本体"或"情理结构"作为哲学性概念是否同一?

答:不同一,着重有所不同。"情本体"是就它对人是有根本价值、地位而言,所谓"本体"不是 noumenon,而是 root、substance。"结构"是就它与"理性"具体交织而言,突出的是"情理"关系的各种不同比例、比重和变动不居,这也就是复杂的人性。

问:今天心灵哲学已经把"心灵"研究弄得细致了,你提出这种模糊笼统的"情本体"、"情理结构"又不去细化,有何意义?

答:我是从"人类如何可能"探究"人性是什么"才提出"情理结构"、"情本体"等宏观概念和问题,与心灵哲学可以沟通但并不相同,上面似乎已经讲过了。宏观视角不解决问题,但试图给人启发。我只提出"情本体""情理结构"这些概念,没有也不可能去作具体研究,那属于科学范围。

情、欲、钱

问：因此，你也是说，不同于 Sandel，你是在中国传统基础上提出"情理结构"来谈"市场与道德"等问题？

答：可以这么说。总命题是"人性"。亦即是"何以为人"？这恰恰也是伦理学的命题。我已反复说过了，我不赞同上帝造人，也不赞同自然演化（biological evolution）。我不承认有天赐的"良知良能"，不管这"天"是自然、是上帝还是"纯粹理性"，人的伦理道德也是如此。人包括其伦理道德都是自我建立和生成，这个"自我"也决非"原子个人"，而是群体社会，是历史和教育即社会性的成果。我比较喜欢 Heidegger 的前期和 Wittgenstein 的后期，因为他们都抓住了"人生在世"的"去在"（Dasein，我拟译为"去在"）和"生活形式"、"生活之流"（语言之本）。我想由之进而探求这个"人生在世"和"生活之流"，其中便包括伦理—道德的来龙去脉，而"动"、"度"、"情本体"便成了重要环节。与好些研究中国哲学大讲传统的学者不同，我不采取对西方哲学隔绝、疏离、不闻不问的态度，而是主张尽量吸收其中养分来发展自己的传统，并以此突破希腊—欧洲哲学的话语主流统治世界的局面。Sandel 举了大量金钱所不能或不应买的事例，但他恰恰没突出"情"是钱所不能够买的。例如，他大讲代孕问题，却不谈与情感的密切联系、严重纠葛和损伤。

问：Sandel 突出和反对市场对道德的无孔不入的侵害。

他并不反对市场经济,却未提出反对这个"侵入"的底线,即市场和道德的分界线在哪里,或到底什么是金钱不能买或不能买到的?

答:如上所说,底线或金钱能不能买的就是情感(emotion/feeling)。市场原则是理性的"平等交换"、"自由贸易",这也就是为什么我回应 Sandel 要一开头从"理性"和"情理"、中西哲学差异讲起的原由。

问:"情"与"欲"相联结。欲望经常是金钱可以买卖,市场可以侵入。

答:"情""欲"相联,"情"却不等同于"欲"。"欲"可购买,"情"未必然。欲望可以在理性原则基础上等价或不等价地交换、买卖,"情"却难以或不能等价或不等价进行理性交换了。但"情"与"欲"总经常纠缠在一起,很难划分得十分清楚,下面也连在一起讲。大体说来,"欲"与个体生理苦乐和需求直接联结,也有 emotion/feeling,但更是 desire、need。"情"则有超越生理和个体的方面。有如梁漱溟所说,"人在情感中,恒只见对方而忘了自己。反之,人在欲望中,却只知为我而顾不到对方"(《中国文化要义》,下同)。情欲二者渗透交错,非常复杂,这些得由心灵哲学、分析哲学等等仔细研究,这里只能笼统说说。总之,"情"、"欲"、"钱"究竟是和应该是何种关系,便值得去探究。这是当今伦理学所应该重视的问题。

问：但有如一些评论所认为，你的哲学如"情本体"、"情理结构"似乎更重视人的内在心灵方面，而较少谈及外在社会方面，你的伦理学也如此？

答：Yes and No。我的确重视"内在方面"，因为我强调提出了人性问题。但又恰恰强调这"内"（个体心灵）是由"外"（群体社会）所塑建成的。由外而内，由"礼"而"仁"。如《伦理学答问补》所说，"礼"本于"情"而成为"理"，但又是此"理"而非"情"主宰了个体的道德行为。就群体说，"礼"（伦理）来自"情"（情境、情感），就个体说，"理"主宰"情"。现在可以谈到 Sandel 了。

II

个体主义与关系主义

正义何来

问：可以从 Justice（《正义》）一书谈起。

答：Justice（正义，或译"公正"似更贴切，约定俗成，不必更易了。）为何？"正义"何来？即"正义"是什么，又为了什么？它从哪里来？无论是 Sandel 讨论的功利主义（utilitarianism，或译效益主义，似更贴切，但也约定俗成，不必改了），左（平等自由主义，egalitarian liberals）右（自由至上主义，libertarianism）自由主义或 Kant、Rawls，都是以各种相当抽象的理性原则（"最大多数的最大幸福"，"个体自由选择和决定"，"绝对律令"，"公平的正义"）来界定什么是"正义"。但为什么人类的群体生活需要"正义"的理性原则呢？似乎没说多少。当然，也说过来自个人安全、个人利益而约定等等，但如何可能约定呢？并无历史依据，也就没法多说，只能是一种虚拟的理性设定了。

问：你的看法又是什么？

答：我是历史主义者。我以为包括"正义"在内的所有的伦理道德都是为了人类（即各群体社会）的生存延续，"正义"不是来自个体之间的理性约定，而是来自群体生存的历史具体情境。我以原典儒学的"礼生于情"、"道始于情"、"礼因人之情而为之"、"始者近情，终者近义"（均《郭店竹简》）来解释"正义"原则的来由或形成。

问：如何讲？

答：这个"情"就是人（包括个体与群体，下同）的生存情况状态，它是"情境"（Situation、context），也是"情感、情欲"。情感、情欲离不开生存情境，生存情境也离不开当时人的情感、欲望（首先是生存欲望），它们都是非常历史具体的。情境与情感、情欲的各种具体联系需要专门研究。但《郭店竹简》和荀子已作了很好的哲学提示。拙文《孔子再评价》（1980）曾引刘师培的话"礼源于俗"，这个"俗"也就是在特定现实生活的情境、情欲中生发出来的风习（风俗习惯）、规定、准则、制度、秩序，即"礼"。"礼""法"是连在一起的，"礼"也就是未成文法。它的抽象思辨或语言概括便是"理"（理性）。这说明"理"或"理性"来自人类生存而不是先验原则。

问：也就是说"理"或"理性"由人类生存的"情境"（其中包括情感—欲望）而生出，从而在本源上，"情"高于"理"？

答:"高"是什么意思,需要分析,不可笼统这么说,下面还要一再回到这个问题。什么是"正义"呢?我记得六十年代读过一本 Karl Marx 女婿法国人 Paul Lafargue《思想的起源》中译本,其中讲"善"在原始部落时是指勇敢,"恶"指怯懦,"正义"则来自血族复仇和公平分配,都是一些非常具体即历史性的行为规范或标准。大量文化人类学研究和许多原始文化材料也如此说。后世才逐渐把它们作为伦理学范畴抽象化和扩展化,最后才成为某种要求"放之四海而皆准"的观念、理念、原则、价值,甚至成为只可直观不可定义的"品质"。

问:你以前也说过,在日常生活中"善""好"有许多不同层次、不同意思的语义,包括有益、有用、有利以及所谓 moral good(善)与 good(好)等等之分。

答:一些哲学家把它们分为"固有善"、"目的善"、"手段善"等等,却仍难说清楚。特别是离开各种具体的"情"(情况、情境、情感)来讨论,便会产生许多空洞而繁复的问题,反而纠缠不清。例如 Sandel 提出因风灾、水灾,物价应否上涨,是应遵守市场规律呢,还是应遵循道德原则?我以为这就是脱开"情"(当时当地的各种情况和人们当时具体感受和情感)对"正义"所作的抽象"理性"讨论:以理性的抽象论议代替了具体的情境分析。因为水灾风灾各有许多不同的具体情况,即便同一灾难、同一地区也有各种程度不同的灾情，应否涨价、何种物品应涨或不应涨、涨多少（度）或应无偿供应，都需要依据各种具体情况来决定，作这些决定不仅有理性原则，还有道义情感，怎么能用一个抽象的普泛的理性原则（市场或道德）来进行判断呢？Sandel 描述许多事例非常具体，但所归结的问题讨论却非常抽象，特别是他讲演问完全不清楚具体情况的学生：涨价是好还是不好？遵循道德原则还是遵守市场规律？等等。这不与为 Hegel 所嘲笑的"天下雨是好还是坏"一样么？Sandel 最后把它归结为这样"一个政治哲学的大问题：一个正义社会要不要寻求提升公民德性，还是法律应中立对待德性概念的竞争，从而公民可以自由选择对他们来说的最佳生活方式？"Sandel 认为这就是古典（Aristotle）与现代（Kant、Rawls）的分途。虽然我并不赞同 Hegel"现实的就是合理的"伦理相对主义，但在这个问题上我明确赞成 Hegel、Marx 历史主义的方法论，即任何善恶、正义、政治、教育都必须放置在特定的历史条件下去具体地分析判断。Sandel 所提出的"奴隶制任何时候都是错的"在美国历史上也许可以这么说，但在人类史上却不然。因为比起原始社会的大量杀俘，古代以奴役代替戮杀，这是历史的一大进步，从而是正义的。Sandel 也谈到 Aristotle 为奴隶制辩护。Aristotle 肯定奴隶制，认为人各有其本性（nature by born）。孟子也讲过"劳心者治人，劳力者治于人"的社会分工。显然，不能以今日奴隶制、农奴制的非正义作为一种抽象正义观点来评判过去。同样，把水灾风灾的"哄抬物价"一律划入"趁火打劫"恶毒心肠的道德评判，这能说清和解决问题么？我以为不能。Sandel 提醒人们在日常生活和行为中有道德两难问题或困境，很有意义，但以某种抽象原理直接搬用于各种具体事例，在方法上不可取。

总览表

问：你提出"情理结构"还蕴涵这么一个方法论在内？

答：对。这方法论也许可简略概括为"历史具体"和"度的把握"这两条，它们又仍然与是否"理性至上"的基本观点攸关。这方法不赞成用一种抽象的理性原则普遍地直接地施加在一切具体事物上面，不赞成伦理道德来自这种普遍适用的抽象理性，这仍然是我所讲的"实用理性"与"先验理性"在方法论上的区别。我这里有一个伦理—道德的"总览表"即"礼生于情"到"理主宰情"：

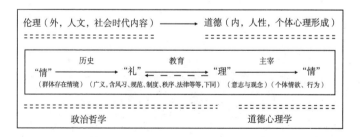

这个图表下面要再三说到。总之是要表明，"礼生于情"的中国传统的和谐观与"理性至上"的西方正义观在伦理学上是有歧异的。

问:中西为何有此差异?

答:我的回答又仍是历史性的。当然,西方在生活、制度、理论上也讲情感和情理关系,这里只是说,从意识重点、理论关切、哲学构造看,不像中国这么突出和重视。中国由于漫长发达的新石器时代,以家庭农业小生产为基础、血缘纽带为轴心的氏族部落体系和巫史传统的理性化,"人是关系"的观念形态变成了"传统无意识"。西方则从希腊自由民社会的平等个体和犹太—基督教人人平等地在上帝面前接受最后审判,使"人是个体"的观念形态变成"传统无意识"。这就是"关系主义"(中)与"个体主义"(西)不同,从而造成了"情理"与"理性"的分途。西方当然也认为人不可能脱离群体而生存,Aristotle 便讲"人是政治(城邦)的动物",但那"政治"仍然建立在平等个体的自由民基础之上,与中国建立在"五伦"关系之上颇不相同。

问:"关系主义"?

答:此词非我生造,梁漱溟就说过,"人生实存于各种关系之上,此种种关系,即是种种伦理""伦理本位者,关系本位也"。我用"关系主义"(Guanxism)这词,则是与"情本体"相联系,并以之区别于"个体主义"和"集体主义"。人们常用"集体主义"或"整体主义"来讲中国,我以为很不准确。个体的平等组合也是"集体",中国重视的恰好是个体间以血缘为轴心纽带非平等地所开出的由亲及疏、由近及远从而各有差异的多种不同的"关系"。这"关系"是理性秩序，更是情感认同，"关系"产生于情境。许多社群主义者如 MacIntyre 和 Sandel 都赞赏和倡导 Aristotle 的美德伦理，中国传统当然也是美德伦理，但二者便很不相同。关键也仍在这个"关系"与"个体"的不同。这可联系前面提到的"情"和"欲"。"欲"与个体感官、身体的苦乐感受有直接联系，梁漱溟说"肯定了欲就肯定了个人"因之，在理论思辨上可以将之提升为绝对的、先验的、与他人分离的"自我""原子个人"等纯理性原则，这就是现代个人主义。"情"虽然常以"欲"为基础，却更是与他人和物的相互关系的心理反应，在理性思辨上便可将之提升为"情理结构"的关系主义。提出关系主义，也是为了针对着重人的分离性的西方现代个人主义和自由主义。尽管 Sandel 也反对个人主义、自由主义，但他提倡的"美德伦理"却仍然脱不开希腊城邦的平等个人的底色。这点暂按下不表，后面再说。

问："理"不是主宰、管控"欲"的吗？理欲冲突不经常是伦理学的主题吗？怎么"欲"的理论提升的"个人主义"反成为纯理性原则了呢？

答：这是不同层面和不同语义的问题。有意思的是，这里还蕴涵着一个思辨的秘密。纯理性思辨造成的先验幻相可以是情感、信仰，对感性欲求的思辨却成了无情感的理性原则。但这问题不属于今天谈论的范围了。

功利主义

问：还是回到 Sandel《正义》这本书吧，他首先对功利主义作了严厉的批评。

答：整个个人主义、自由主义的思潮，都是随着近现代资本主义的发生和发展而涌现和扩张的。古希腊罗马的法律中以及中国传统都少有"个人权利"（individual rights）。功利主义是以个体苦乐为基础的现代自由主义的一种，它反对少数贵族阶层的特权利益而强调作为个体的最大多数的幸福。功利主义的著名人物 Bentham 以"最大多数的最大幸福"作为正义原则，非常有名而且实用。他站在英国传统经验论的立场，批评流行的天赋人权、自然权利、社会契约等是抽象的空泛的幻相。Bentham 实际是给它们填入"以苦乐为善恶"的坚实经验基础，将个人主义更为世俗化、现实化和实用化，所以一直占据统治地位，直到上世纪七十年代被 Rawls 力驳推翻。但我以为功利主义有其合理性，而且至今也仍可或仍应运作和实行，这主要是在政府的政策决定和规章实施上。

这里我所讲的"伦理"与"道德"的区分就很重要。因为它包含了社会体制、政府作为与个体行为、内心状态的区分。Sandel 所举的许多事例恰恰没有作这种区分，因此就混淆不清。功利主义作为政府行为（即不是为财政税收而是为改善大众生活来制定政策、设立方案等等）在许多时候是完全适用的；但作为个人行为的准则则不必然。

问：为什么？

答：任何个体都生存在群体中，从而就维系社会生存的政府说，为了保障最大多数人的最大幸福在必要时牺牲个体或少数，便不可避免甚至必要，并非不正义。Bentham本来就是从政府应重公共福利这一角度出发来谈论的。我们不能把它当作个体行为的道德准则来推广。那个著名的应否推胖子堵火车即杀一人救五人作为功利主义之例，便是这种误用的荒唐议论，以及如Sandel所举人命、门牙、脚趾值多少钱等"功利"的例子也如此。

问：但你说过"幸福"不是伦理学问题。

答：Bentham所说"幸福"，主要是指以苦乐的个体感受为基础的物质方面，我认为这个物质方面即人们的衣食住行性健寿娱，总之以身体苦乐感受为基础的所谓"幸福"属于伦理学，它们是可以比较和衡量的。如我以前所说，吃饱总比挨饿幸福，穿暖总比受冻幸福，它们与人的生存直接相关，可以有一定的客观标准。

问：但"幸福"作为感受或体验不只是肉体，还有精神方面。

答：这个方面就非常麻烦了，因为它们难以比较和衡量。以前我说过，在基本生存需要满足后，什么是幸福或快乐，人们很难一致，也难分出高低。有人以美食为乐，有人以锦衣为乐；有人以安居为乐，有人以冒险为乐；有人以宁静为乐，有人以思辨为乐；有人以追求各种物质欲求满足为乐，有人却以挨饿受冻摧残肉体以换取神秘体验或精神满足为乐；……如此种种，不胜列举。既然快乐、幸福人各有不同的感受和选择，所以我从不认同由不同主观感受所统计得出的所谓"幸福指数"。没有这种"指数"。从而也可推论，所谓"最大多数的最大幸福"只能适用在物质生活方面。实际是指"最大多数"的最大物质利益。精神方面的许多幸福、快乐（当然也并非全部）可以与物质方面的满足无关，它属于宗教—美学而不属于伦理范围。

问：Sandel《正义》提到 J. S. Mill 认为有高级和低级的幸福（快乐），说快乐不能够量化，Bentham 认为可以。

答：我对于 Sandel 认为 Bentham 比较彻底，J. S. Mill 有所偏离（stray），非常赞同。记得我以前说过，John Mill 已不全是英国经验主义，受了欧陆影响，他强调长远功利而非目前苦乐以及突出人的自由和尊严，等等，的确是重要的发展。尽管如此，为使问题明晰，我仍然主张把"最大多数的最大幸福"限定在物质生活方面，它才属于政治哲学，说明这不是一个偶然性的事例，而是与人的生存紧相关联具有历史必然性的要求，这也就是从"人类生存延续"这个根源上把事实判断与价值判断紧紧联系在一起。人们追求物质生活的快乐、幸福，这既是普遍必然的事实，也是人们应当去追求的普遍必然的"正义"。

问：Bentham 的"最大多数最大幸福"仍然有理？

答：战时牺牲少数，伤及无辜，如"二战"中对德国 Dresden 的大轰炸、对日本广岛投原子弹（奇怪的是 Sandel 一直未谈这个争议极大的例子），平时水灾分洪牺牲少数，等等，都是为了"最大多数的最大幸福"进行的，并非不正义。它们必须历史具体地分析对待，不能抽象化地一概否定。特别是如前所说，不能把它作为正义原则推及个体行为。因为情境各异，"关系"不同，从而义务、责任、行为便大不同，不可能也不应该用一个所谓"最大多数最大幸福"的"正义"抽象原则来进行判断或决定。上述杀一或杀五的电车案例，Sandel 也认为与推胖子堵火车还是有所不同。因为，作为司机与作为路人所应遵守的义务、责任便大不相同。社会有对个人的公共行为规范，各行各业有其特定的职业伦理学律则。这些律则在实际执行时还得根据各种具体情况来掌握运用，在运用中还有以前讲过的"经"（原则性）与"权"（灵活性）的问题。战争中伤杀无辜有时无法避免，Sandel 所举阿富汗塔利班事例，这在中国便早被讥为"妇人之仁"。战争本就极其残酷，孙子说"兵者，诡道也"，用阴谋诡计战胜敌人，便远非一般道德原则所能框定。其中也要依据各种具体情境来确定。同样是无辜百姓，纳粹屠杀犹太人、日本南京大屠杀是严重罪行，对长崎、广岛投原子弹则不是。如此等等。战争中的伦理道德是另一个专门课题。各种规范伦理学，职业道德学便要探讨、研究如何具体处理对待各种生活、行为中的伦理道德问题。包括Sandel所举能否用酷刑逼供、是应募兵还是征兵（义务兵役）、能否拒绝轰炸被侵占的家园以及美国内战中李将军事迹等各种案例，以及高价买好的牢房，更为快捷地看大夫，买绿卡，买人排队，等等等等，其中各种情境并不相同，需要上述伦理学逐一作具体分析，远非讨论或凭依一个抽象的正义原则所能解决。例如Sandel讨论很多的兵役问题，是市场买卖还是公民义务，就要由不同国家不同时期不同情境（战时或平时、何种战争、战况如何等等）而有不同处理，不是一个抽象原理所能推断决定。Sandel的评说之所以常常言辞闪烁、飘忽不定，其实正反映出这个问题。

自由主义

问：Sandel详细讲述了"自由主义"以"个体的自由选择和决定"作为正义的根本原则来反对抹杀个体的功利主义。

答：Sandel《正义》一书讲了自由主义的左（平等自由

主义）右（自由至上主义）两派，并着重讲了Kant和John Rawls，甩开了许多细节和人物，我以为抓住问题，贴近现实，简明扼要，非常之好。

问：你对自由主义如何看？

答：Kant需要以后详谈，他是大老总。

问：我想问的是，功利主义重视多数（最大多数的最大幸福）比自由主义强调个体更合理些？

答：不然。自由主义比功利主义更进一步，反映了也更适应现代市场经济基本主宰人们生活的情境状况。功利主义作为政治理论，本就是以个体为单位的现代社会生活特别是现代国家情境下的产物。自由主义以突出契约论的主题方式把个人权益这一现代特征更鲜明表达出来了，它反对功利主义的"统一的"欲望主题，突出了个体的差异性、多样性和平等性。虽然自由主义所突出的"无知之幕""原子个人"等等在历史上和现实中并不存在，这只是一种理论假设，却有如自然科学，自由主义是可以做这种现实中并不存在的前提假设来进行理论推演的。我是历史主义者，当然不赞成这种假设，因为它不能真实说明和回答问题的来龙去脉，但毕竟由这种假设所建立起来的逻辑推论，比功利主义更反映也更适应现代社会生活的需要。

功利主义漠视少数，也就是漠视了那作为少数的个体，可以造成巨大的灾难，如 Sandel 所说某教派可以打着"最大多数最大幸福"的招牌来进行宗教严重迫害和种族灭绝。自由主义强调每个人都是目的而非工具，强调个人的选择和决定的自由，这极大地提升了个人的价值、地位和人格尊严，也在现实上把个体从过去政经体制、传统风习、观念意识的种种奴役中解放出来。例如在中国，今天农民有进城打工的自由，即出卖劳动力的自由，大学生毕业后不再必须服从组织分配，有选择工作甚至自主创业的自由，这些看来"理所当然"的个人权益，几十年前在计划经济下便很难想象。计划经济当年是否有其合理性或正义性，这是另一个可争论的问题。但无论如何，改革开放在共和国进程上确是一次历史性的社会变革，尽管这里有更赤裸的资本对劳动者的统治，但毕竟进一步走向了"人尽其才"的理想，社会整体得到了发展。

问：也带来老幼困苦留守的"自由"，大学生毕业即失业的"自由"……这不都是拜自由主义认为理所当然的"天赋人权"、"契约原则"、"人生而平等"的正义理论之赐么？

答：历史在悲剧中前行。劳动力自由买卖、平等竞争和优胜劣败使社会生产得到了极大发展，各阶层人们生活得到极大改善。总体来说，自由主义的市场经济仍然是利远大于弊。

回应桑德尔及其他

问：那就要感谢这些自由主义思想家了？

答：正如可以说 Marx "预见"资本主义全球经济一体化一样，也可以说 Locke、Kant 等自由主义思想家"预见"了现代自由社会的诞生。我以为，自由主义那些"正义"观念是人们所应遵循的现代社会性道德的基本原则。人们之所以遵循，却并非因为它们乃思想家的产物，而主要是这些思想有经济力量的支持。这个经济力量把本来虚构的"原子个人"、"天赋人权"等等观念意识似乎变成现实，使个人单位、契约原则、公共理性日益成为现代社会生活的制度秩序、行为规范和道德准则。这个作为真实基础和来由的现代经济即自由贸易、等价交换、商品生产、市场经济，特别是 Marx 讲的劳动力的自由买卖，还在全球继续蔓延、扩展，所以自由主义也必然会在全球蔓延、扩展。而且观念可以比现实先走一步，这些理性原则尽管今天带来严重问题，但依然是这些启蒙思想家伟大功勋。而其所以在时空两方面都能如此不断发展和扩大，则是现代现实生活的动向和走势所造成，这远非社群主义所能抗拒。自由主义的功过得失以前文章曾讲过，下面也还要谈到，我这篇对谈既回应 Sandel，同时也回应自由主义。

反自由主义

问：自由主义大讲的个体、自我、自由、平等、人权、民主不仅是相当虚假的，而且带来了大量的不公平，完全的自由、平等本就是幻相。

答：所以也就成了当代各派思潮所共同抨击的对象，Sandel 的社群主义如此，所谓新左派更如此。自由、平等即实质上是商品等价交换的自由、平等，Sandel 严厉批判市场经济带来了市场社会，一切均可买卖，造成对道德的严重损伤和丧失，便理所当然。

问：自由主义是走过头了？

答：自由主义右派把自由原则推到极致，Sandel 举了许多实例。例如反对富人重税，因为钱是自己辛苦赚来的，为何我必须交比那些"懒人""笨人"（赚钱少）更重的税率，这不公平，也就非正义。所以也反对社会福利，反对强迫医保和养老，甚至反对骑车必戴头盔、开车必束腰带等规定，认为这些都侵犯了个人自由，都违背了个人自由选择和决定的正义。并主张卖血、卖肾、代孕、自杀以至出卖自己身体供人食用（都是 Sandel 所举实例）等等，均无不可。

问：这就是你所讲的将个体自由或"自我"以及"正义"变为先验或超验的最高理性原则了。

答：是将这些原则完全脱开具体历史情境。原则从何而来？似乎没人理会，Kant 说它是先验理性，Rawls 归之为"无知之幕"，均如此。

问：你仍然强调它们主要来源于现代社会的经济生活，即在大工业商品生产的环境下，劳动力可以自由买卖、等价交换等等；这些理性原则并非历史上本来就有，更不是来自约定或先验。所以 Sandel 批判和反对那些观念，却不能真正触及问题的实质或基础，只是就观念论观念。

答：我大概还是接受 Marx 的影响。Sandel 两本书《正义》《什么是金钱不能买的》中列举大量事例，并指出双方所谓自愿并非真正的"自由"，契约原则也并非真正的"平等"，实际上经常是由于经济上的不平等所无奈作出的"自由""平等"的选择或约定。其实这些，Marx 等人早就讲过了，而且讲得深刻得多。马克思主义早就指出，在自由平等的面罩下，作为商品出卖的劳动力受资本支配下剩余价值的剥削，揭示了大量所谓自由平等的虚假和伪善。中国古代也早有《钱神论》，中国俗话说"有钱能使鬼推磨"，但到资本社会，这点分外突出了。这也就是新左派喜欢强调的"形式正义"（政治程序上的自由平等）与"实质正义"（经济地位上的不自由不平等）等老问题。

问：Sandel 提出的 CEO 年收入数千万，教师只有数万，大法官一年二十余万，一个电视节目秀三千万，等等，在这种经济不平等上来谈双方自愿契约和个人自由选择与决定的"正义",确实有些荒谬。

答:根本的办法似乎是铲除经济上的不平等,彻底作到"分配正义"。在反自由主义的各种思潮、学说和各种活动中,迄今为止,我以为,仍然是 Marx 在理论上和毛泽东在实践上做得最深刻最彻底。他们作了可说是空前绝后的创造性的革命努力,结果却不成功。

问:如何讲?

答:Marx 的理论缺失,我以前已讲过了。简单说来,就是《资本论》第一卷第一章里从"劳动二重性"引申出"抽象劳动"和"社会必要劳动时间",理性地、逻辑地推演出先验幻相,从而反对商品拜物教和主张废除私有制("私有制是万恶之源",几乎是各派社会主义的基本观念,与自由主义把"保护私有财产"作为自由的基本观念如 Locke 针锋相对),用计划经济取代市场经济,全社会实行"按劳分配"到最后实行"按需分配",经济不平等解决了,政治问题也就迎刃而解,"全世界无产者团结起来""工人无祖国",也不需要国家、军队、政府、官吏、警察,这样就实现了人间的真正的自由平等,即共产主义。毛则在实践上奋力追求,并要求尽快实现这一理想,如我所引用过毛的原文;"艰苦奋斗,扩大再生产,共产主义前景,这些是我们所必须强调的。

而不应该去强调个人的物质利益。引导人们前进的目标不是老婆、别墅、汽车、钢琴、电视机,因为这是一条服从个人而不是服务于社会的道路"(《苏联政治经济学评论》),"一万年太久,只争朝夕",1958年"大跃进"时期曾实行过农村公共食堂"吃饭不要钱",有过"跑步进入共产主义"的标语口号,最后是发动"文化大革命",要求进一步限制"资产阶级法权",发布"五七指示",要求"走五七道路"(干校)。结果如何,大家清楚。

物质刺激

问:结果如何?

答:这里我很愿提到早被唾弃遗忘的张春桥、姚文元1975年在《红旗》杂志和《人民日报》发表的《论对资产阶级全面专政》、《论林彪反党集团的社会基础》两篇文章。当时"文革"实已破产,毛泽东却非常重视并亲自修改发表了这两篇强力论证"文化大革命"必要性的重要文章,并令全国组织学习。两文都以"毛主席指出""毛主席最近指出"为根本依据,引用了毛的原话:"中国属于社会主义国家,解放前和资本主义差不多。现在还实行八级工资制,按劳分配,货币交换,这些跟旧社会没有多少差别,所不同的只是所有制变更了"。"我国现在实行的是商品制度,工资制度也不平等,有八级工资制等等。这只能在无产阶级专政下加以限制。所以林彪一类如上台,搞资本主义制度很容易"。"跟着刘少奇那种路线走,无非是搞什么物质刺激,利润挂帅,不提倡无产阶级政治,搞什么奖金,等等"。"就是说革命没有完"。必须不断革命。"文革"就是以反"三名(名作家名演员名教授)三高(高工资高稿酬高奖金)"开始,从文艺界学术界开刀下手,然后转到政界。毛说过"文革"七、八年要再来一次。毛要打倒制造和维护这些"经济上不平等"搞奖金、搞物质刺激的"走资本主义道路的当权派",毛认为"资产阶级就在党内",认为其社会根源就在商品生产、市场经济、货币交换、八级工资制、农业小生产等等。

问:毛的敏锐令人惊佩。

答:Marx和毛早就反对"市场社会"。张春桥在那篇文章中就指责"把一切都当作商品",比Sandel讲得早多了。有趣的是Sandel在书中也将"物质刺激"这个当代经济学家的"法宝"列为专章来论述和批判,举出学校和家长用金钱来奖励(物质刺激)学生和儿女的学业成绩等等对道德造成的侵害。上面已说,毛一贯就厌恶和反对"奖金"和"物质刺激",经常以红军时期的供给制和"一不怕苦,二不怕死"、"为有牺牲多壮志"的道德精神来对照和批判。毛所再三强调的"政治挂帅",实际即是"道德挂帅","文革"前号召"学雷锋","文革"大讲"斗私批修","批修"(修正主义=资本主义)与"斗私"是紧相联系的。这"私"当然与维系个体生存的经济利益和物质情欲有关，也都正是以道德来反市场、除情欲，比 Sandel 批判得深入多了。

问：记得毛时代还有过"计时工资"与"计件工资"的大争论，"计件"不就是"物质刺激"吗？但"计时"却使人磨洋工。实际结果就是实行"计件"，生产发展，改行"计时"，生产倒退。计时、八级工资制，都属于按劳分配，都是市场经济、资本社会的不平等产物，即"资产阶级法权"。

答：所以我说 Marx《共产党宣言》没能回答懒汉亦即人们好逸恶劳的自然情欲这个问题，也是以简单的道德斥责避开了这个重要提问。但理性的道德教义和训令终究解决不了现实生存的情欲要求。"二战"后英国工党过高的福利政策造成生产停滞，生活下降，并失去国际竞争力。Lady Thatcher 改弦更张，反工会，向右转，取得了一定成效。

问：从道德角度看，毛时代官场的确清廉，张、姚以及当上了人大副委员长的工农高官仍然拿原来的工资，以致没钱招待来访亲友。今日年轻人会觉得不可思议。

答：这似乎体现了 Marx、Lenin 赞叹的巴黎公社原则。毛也老怀念红军时期不拿工资的供给制，包括后来军队废军阶军衔，老师一律称教员，无教授、助教等级，等等。但这能长久维持吗？

问：柬埔寨更彻底，干脆废除金钱（货币），把城市人口全部赶到乡下进行劳动以求平等，结果是百万人的死亡。"文革"则是生产停滞，百业凋敝，生活艰难，平均化的贫困弥漫全国。想以道德治国，却带来了怨声载道。所以四人帮一垮举国欢腾，邓小平"让一部分人先富起来"一声令下，竟使整个中国飞快地富裕起来。

答：金钱可推动社会进步。Sandel 也举出的快递送邮件、快车道入高速、快电梯上观赏层等等，都需要多收费，但这种明白显示经济不平等（穷人交不出）却并未使人感到道德上的特别不安。可见，这里的关键仍然在于具体情况和把握住"度"，而不在一个抽象的正义理性原则。

问：记得"文革"时自行车带人常出死伤事故，当时因提倡道德，强调"教育为主"，警察拦住后训诫几句就放行，结果毫无效果。后来只得实行罚款，金钱挂帅，不几天便解决问题。

答：正如对不戴头盔的摩托车必须罚款一样，这里没有什么自由选择的个人权益。功利主义在这里又胜过自由至上。当然这又仍然是在保护个体权益的生命安全。

历史与道德的张力

问：Sandel 举出某芬兰富翁超车被罚二十几万美元。新加坡的许多罚款也重,社会秩序便较好。但对亿万富翁来说,二十几万也不算什么。但被新闻报道可能会丢面子,却有道德的杀伤力。

答:看来,彻底的实质平等如经济平等,很难做到。个人的天赋、体质、才能、品格、气质、经历、教育、遭遇都不可能平等一致,从而经济上收入和支出的完全平等既不可能,也无必要。不能用某种抽象的正义观念、道德义务来对待这些问题,大千世界本就是一个千差万别而并不平等的多样性的组合体。这里关键仍在于"度",我的历史本体论第一范畴便是"度"。

问:但当前在金钱侵蚀下,道德沦丧确实突出。

答:道德很复杂,这里有好几个问题。

第一,人类道德是否在整体倒退?我已多次说过,不然。"人心不古,道德沦丧"其实已经喊了几千年,就中国说,从先秦韩非以来许多人都予以驳斥过。就总体说,人类的社会伦理和个体道德都在进步。例如自由主义倡导突显的个体自由、人格尊严、独立自主,包括妇女的人权平等,便极大地推进了社会生活的改善和发展,使整体社会道德水平也远超以往年代。

第二,在社会前进的转型时期,"道德沦丧"之所以突出,是因为这种现代新秩序新道德尚未真正建立,而旧秩序旧道德却日益崩毁，人们行为活动失去了可遵循的规范准则而花样百出、美丑并行，特别是陈腐的旧观念旧秩序却通过新形式造成了各种日常行为、活动中的扭曲和丑陋，更使人难以接受、不可相信和无所适从，以致造成道德虚空。

问：什么是这些扭曲、丑陋？

答：第三，今天人们对权钱交易、贪污腐败和官本位特别愤恨，就不是 Sandel 讲的等价交换的市场对道德一般侵害的问题，而是体制中的"封建"特权霸占市场、垄断交易进行"超经济剥削"（Marx）即前市场行为的问题，但它们可以通过市场交易的形式畅行无阻地出现。而这主要就是因为现代社会性道德尚未能落实在法律上，特权行为可以任意作为。无法可循、有法不依和执法不严，才是今天面临的问题。Sandel 所列举的大多是在现代社会性道德已大体有法律保障的发达国家中的市场对道德的侵害问题。由于中国是第二、第三混在一起，情况便更为复杂、严重。前现代与现代交错，使道德标准混乱，败坏分外突显。所以对 Sandel 所举各例与中国的类似处，却应从中国情境来予以分析和论评。

问：你以"历史主义与伦理主义的二律背反"来表述。

答："二律背反"是为了语词突出，也许用"历史与道德的张力"更平实一点？

问：你八十年代有段话讲春秋战国，却好像适合今天："物质文明在迅速发展，历史在大踏步前进，生产、消费在大规模地扩大，财富、享受、欲望在不断积累和增加，赤裸裸的剥削、掠夺、压迫日益剧烈。'无耻者富，多信者显'，贪婪无耻、狡黠自私、阴狠毒辣……文明进步所带来的罪恶和苦难怵目惊心，从未曾有；人在日益被'物'所统治，被自己所造成的财富、权势、野心、贪欲统治，它们已经成为巨大的异己力量，主宰、支配、控制着人们的身心"（《漫述庄禅》）。

答：因此，在看到市场经济带来的巨大好处的同时，也看到它带来和可能带来的各种问题、祸害甚至灾难，因此要站在这个"历史与道德的张力"或"二律背反"的维度上来作出各种具体的"度"的把握和判断，以指导、规范人的行为，"一方面发展经济，改善生活，另方面悲天悯人，仁民泽物，使历史感伤和人道感情范导'度'的把握与建立。这就是'政治艺术'"（《中国哲学如何登场？》第107页）。而不能把功利主义、自由主义那些"正义"原则生搬硬套，这才能"合情合理"。包括Sandel所举的各种实例都应如此对待。例如富人捐款办学建校，以取得"命名权"，五颜六色无孔不入的广告入侵学校、家居，以及是送礼品、礼券还是直接送红包（钱），是雇人写祝辞还是自己表达，等等等等，它们所带来的好处和带来的误导、损伤，如何评估对待便并无一定之规而需要"度"的艺术。Sandel 也说需要 case by case 来不同处理。幸亏中国现在还处在市场尚未主宰一切的时候,更要未雨绸缪了,这是我第二次提未雨绸缪了。

问:你刚提出"度"的把握也就是"合情合理",也是对弱势群体的同情,这与你开头讲"情理结构"有关?

答:也可以这样理解。所谓"情理结构"并不只是个体内在心理,也包括外在社会秩序、规范。

问:John Rawls"差异原则"不就是强调帮助弱势群体的"公平的正义"吗?

答:Rawls 似乎没说这"差异原则"从何而来?我觉得可能是罗斯福新政(New Deal)的哲学提升,从理论上看也许仍可说来自 Kant 的"帮助他人"。"帮助他人"不像右派自由主义所说是慈善事业,是施舍。从人类学角度看,它是生活在共同体中的义务。没有"弱",哪来"强",它们相互依存的客观存在便有此"帮助"的正义责任。其中可渗入深厚情感,有助社会和谐。

类似却不相同

问:Sandel 讲了许多 John Rawls。

答：我比较赞同 Rawls。他讲的是政治哲学，实质问题是分配正义。"差异原则"是《正义论》中讲的。中国改革开放三十年不是"让一部分人先富起来"而处境最差的弱势群体与不得温饱的偏远山区也脱贫得益了吗？如果说，在工业大生产市场经济环境下全社会劳动力自由买卖、平等交换和流动，可以作为《正义论》第一原则也是整个自由主义的现实基础（当时 Hayek 在中国的流行有其道理），那么中国三十年改革开放便可作为 Rawls 第二原则中的"差异原则"的现实例证，这大概是解决虽经济不平等却大家都受益的较佳理论。下一步是如何走向更为公平合理的分配正义和共同富裕，这需要新的理论。我以前说给 Rawls 一个 Marx 的基础，也就是说，Rawls 的理论之所以合理和实用，其根基在于近现代经济生活，讲 Rawls 的文章何止千百，这一点似乎很少有人强调。以近现代经济生活为基础，结合中国传统和现实经验构建一个比 Rawls 更优越的自由平等公平正义的政治原则和体制，却是一个非常复杂、需要论证、极具创造性的大理论课题，我只能提出这个有论无证的观点，没力量具体做了。与此相关，今天讲伦理学，我也同意和重视 Rawls《政治自由主义》讲的"重叠共识"，它正是 Sandel 批评的重点，这个下面再说。

问：概括一下，是否可以说，Sandel 反对功利主义和左右自由主义，提出 Aristotle 的目的论的"共同善"（common good）"好生活"（good life）的美德伦理；你则接受功利主义和自由主义左派，视之为现代社会性道德的原则，同时强调不能抽象搬用，仍应从具体情境出发，并以中国传统儒学作为宗教性道德来加以范导和适当构建，从而削减前者带来的损害。在追求"共同善"、"好生活"这一目的上，你说与Sandel"类似而不相同"。因为在追求美德伦理上是中西共同的，但中国是家国相联，由家及国，重情理结构；西方是家国分离，公私区别，理性至上。从而，中国讲和谐，西方重正义。你主张"两德"分离而范导，Sandel似乎又回到两德的合一。

答：Sandel的"共同善"、"好生活"有人批评说，其具体内容并不清楚。我提出"和谐高于正义"是认为：人际和谐、身心和谐、天人和谐（人与自然生态的和谐），它们作为"情理结构"、"关系主义"对现代社会性道德的"范导和适当构建"，才是维系人类生存延续的最高层也最根本的"共同善"和"好生活"，这才是"目的"所在。它高于是非明确、公平合理的"正义"，但又不能替代正义，而是在"正义"基础上的和谐。所以它只能"范导和适当构建"而不能决定、管辖"正义"。"和谐"属于"以德（教）化民"，"正义"属于"以法治国"。

问：你把人的最终追求归结于"情"而非"理"？

答：也可以这么说。这就是下面要谈的问题。例如子女对父母的孝敬，Sandel讨论到这应是某种回报的正义，也就是等价交换的理性正义。在中国却归结于"情"，"三年之丧"所回报父母怀抱里的三年，不是"理"而是"情"。你看，孔子的最终答案是"汝安乎"？"安"是心理情感而不只是理性义务。孔子又说"至于犬马，皆能有养，不敬，何以别乎？"情感的和谐敬重高于义务的公平合理，这就是对正义的"范导和适当构建"。拙作《孔子再评价》一文中讲"心理原则"是"仁"的结构，"心理"远大于"理性"。它之所以能"范导和适当构建"，也正因此。《论语》中大量讲的是"关系"（首先是亲子关系）特别是关系中的情感而非公共理性，齐家才治国。孟子大讲"不忍人之政"来自"不忍人之心"，老讲"心悦诚服"，也是突出"情"的位置。

荀子

问：你不更推崇荀子么？

答：孟子是先验论，荀子是经验论。我的积淀论以经验的积累沉淀来解说先验（"经验变先验"），当然站在荀子这边。孟子讲的"情"是先验的"恻隐之心"，当代也有学者如Denold Munro解说为自然生物的"情"，但我和荀子讲的"情"却不是，而是有理性渗入其中的"情"。而且，荀子也是从人作为自然生物的生存延续，也即是从人的基本生存、欲求即自然情欲说起，这点非常重要。孔子以"仁"释

"礼",但从历史说,"礼"并非直接来自个人情感,而是脱胎于巫术仪典。巫术仪典包含情感(巫术活动具有强烈情绪,参见拙文《说巫史传统》),但远不只是个人情感,它主要源于该群体的生存情境。我以为荀子把《郭店竹简》所说"礼生于情"、"礼因人之情而为之"的儒家学理,从人群的基本生存情欲和情境出发,讲得清楚和精彩。

问:请说。

答:《荀子》是一本重要的大书,这里只能简单说说。首先,荀子把"情""欲"联在一起作为开始:"人之情,食欲有刍豢,衣欲有文绣","饥而欲食,寒而欲暖,劳而欲息,好利而恶害,是人之所生而有也"(《荀子·荣辱》)。而"礼"便起于对这种物质"情欲"的安排。"礼起于何也?人生而有欲,欲而不得则不能无求,求而无度量分界,则不能不争,争则乱,乱则穷。先王恶其乱也,故制礼义以分之,以养人之欲,给人之求"(《荀子·礼论》)。把"情"与"欲"(首先是生存欲求)紧连在一起来谈"礼"的必要,明确指出"礼"来自与"情欲"紧连的群体生存的物质性需要,而非来自天理、良心或"纯粹理性"。"故礼者,养也。"养什么?养生存。即维持和延续人的生存。正是在这"养"中建立起长幼尊卑贵贱贫富等差异、序秩、级别,构成社会。要强调的是,荀子所讲并非中国所独有而是具有普遍性的各原始氏族部落共同经由的远古历史。"先王"也并非真正的个体人物，而是原始人群及其首领所共同创造的生存秩序的代表符号。人们所创造的具体秩序（"礼"）可以很不相同，但在维护群体生存这一根本基点上却是相同的。这也就是"周因于殷礼""殷因于夏礼""其损益可知也"。

问：讲来讲去，还是你的吃饭哲学。

答：太对了。不吃饭，人就不能生存。但学者们就是不重视这个最普通的常识，只喜欢讲高玄的道德哲理，扬高凿深，大讲超验、先验、良知、天理等等。其实，"人活着"不只是事实判断，而且也是价值判断。在这里，"是"（is）和"应该"（ought to）是同一的。人活着，而且是历史地活在一个群体中，这就是我的唯物论和唯物史观，也是我的伦理学的基础和出发点。

问：荀子讲"礼乐"便是追求在建立社会群体的理性秩序的同时，也建立起相应的个体内在的道德观念和情感？

答：这就是人文和人性的关系。荀子说"三年之丧，哭之不反也；清庙之歌，一唱而三叹也"（《礼论》）。儒家特别着重丧礼，各种不同关系的人必须着各种不同的丧服。至亲的丧服最为粗陋，以表示极大哀伤，都是将情感规范在特定的理性中，以构成特定的内在—外在的情理结构。所谓"饰哀也"，并不是装饰，而是以礼仪、服饰、音乐来塑造人的情感并用特定物质形式,从服装、活动到音乐表达出来,造成观念与情感的统一。两者的关系和统一,始终是中华传统的要点。这也就是"诚"。

问:可见荀子是从自然人出发,强调通过"礼乐"塑造出社会人,既非常重视人的自然情欲,又重视对它的规范塑建。这个社会人不仅是理性的,而且也是情感的。从而社会性贯串了人的内外两方面,即人性与人文。

答:中国传统的世界观不是从"水"(希腊哲学)或"太初有言"(《圣经》)开始,而是以天地万物联接男女夫妇开始,从"男女居室,人之大伦也"(《孟子》)开始。中国传统强调"孝",却又允许在特殊情况下可以不告(父母)而娶嫁,充分显示了非常重视人作为生物体生存延续的"情欲",真所谓"食、色性也"。而《中庸》所说并为后儒不断申说的"天命之谓性",我以为指的就是这个自然生存的"气质之性"。"关系"也由此产生。《易传》说"有男女然后有夫妇,有夫妇然后有父子,有父子然后有君臣,有君臣然后有上下,有上下然后礼义有所措。夫妇之道,不可以不久也。"中国的"礼教"便是从这个男女夫妇自然情欲的"关系"而产生出一整套"五伦"秩序和规范。个体便生存在这种种以夫妇、亲子情为轴心幅展开来的并不平等却相互紧密接联的"关系"中,也在这"关系"中获取和体认人生意义、生命价值和生活态度,不但在理性上,而且也在情感上。这是中国的美德伦理。它与 Aristotle 以自由个体在平等友谊为基础和关系中的美德伦理相当不同。我在《历史本体论》中曾特别提到梁漱溟、冯友兰和现代中国学者都指出西方传统中人与人之间缺乏"内的关系"。西方从可称近代自由主义第一人 Hobbes 以生命安全而定契约、出让权利建立专制国家以来,各家各派从 Locke 到 Rousseau 到 Kant 等等以个人为单位、以契约为准则、以理性为基础,便成为自由主义的根本原理。虽经 Hegel、Marx 等人的颠覆,却仍经久不衰,以致今天社群主义反对自由主义,仍要到 Aristotle 那里去寻找平等个人之间缺乏"内"的关系和情感的美德伦理。

问:但好些西方哲学家如 Hume 也讲同情心(Sympathy)并认为是道德的根源和动力。Rawls《正义论》也讲到正义感和妒忌情感等。

答:仍很不同。Rawls 专章讲了正义感(the sense of Justice)。最近有著作还将它与孔、孟、荀相比拟(Erin M. Cline, *Confucius, Rawls, and the Sense of Justice*, 2013),但实际很不相同,Rawls 讲亲子爱扩为社团再扩为社会正义感,相当笼统而抽象,不但没交代其中自然性与社会性的关系,而且仍然建立在相互回报的理性基础之上。所谓"爱"(love)是相当含混的。中国"五伦"讲的是非常社会化并在各种具体社会关系中的不同的"人情",既不是一般的甚至动物也有的同情心,不是生物本能性的情绪,也不是含混不清并以平等为特色的正义感。"五伦"是具有情感而又理性化了的人际关系、伦常秩序和相互职责。"君臣"、"父子"、"夫妇"、"兄弟"甚至朋友（也有长幼之分）之间的关系并不平等，这里几乎没有独立、平等、自由的个体，而只有相互之间的"关系"。但重要的是在这不平等的关系之间，却强调"和谐"，"和谐"当然就有情感，只有"和谐"才能真正维系这种"关系"的延续和持久。我在《历史本体论》中引《礼记·礼运》说，"何谓人情？喜、怒、哀、惧、爱、恶、欲，七者弗学而能。何谓人义？父慈、子孝、兄良、弟恭、夫义、妇听、长惠、幼顺、君仁、臣忠，十者谓人义"。这讲得很清楚。"七者弗学而能"指的是动物性的生理情欲，将它们变为十"义"，就是将之理性化、秩序化、规范化，纳入一套"关系"的情理结构中，既有情，也有理，即确认在不同"关系"中的不同情理结构。它们有差别而不平等，虽不平等却和谐共处，其乐融融。这就完全不同于希腊以个体为单位的平等而同质的美德伦理学，也不同 Rawls 的正义感。情感在这里因"关系"不同而不同，并非一个含混的"爱"（love）所能概括。同样讲"爱"，对父母、对子女、对夫妻、对朋友，爱的含义、内容、形式便很不一样，幼对长的爱中有"敬"的成分，长对幼有"怜"的成分，如此等等，"怎一个爱字了得"。这也使"爱"本身变得更为细致、丰富和复杂。从而社会和谐便可以有理想化的如音乐般的多样而完满。原典儒学讲"乐与政通"的意义就在这里。

情感和谐高于理性正义

问:希腊哲学不也讲和谐么?

答:毕达哥拉斯曾以音乐比拟天体运行,那仍然是一种理性秩序的和谐,与情欲的联系并不突出。中国儒家礼乐论的和谐,非常重视落实在情欲上。它不仅是理性秩序,而且更是情感逻辑。例如,父子之间一方面是"子不教,父之过"。父亲应当教导子女,是理性的义务。但另方面却是"易子而教",要求"父慈",并认为"父子之间不责善,责善则离,离则不祥莫大焉"(《孟子》)。这里的"离"主要也不只是理性是非对错的分歧争吵,而是由此造成的情感的背离和冲突。所以一方面是"从义不从父"(《荀子》),另方面是"事父母几谏,见志不从,又敬不违,劳而无怨"(《论语》),以保持家庭和谐。其他几伦也如此。朋友是基本平等的个体"关系","朋友切切偲偲"(《论语》),"责善,朋友之道也"(《孟子》)。但是,"朋友数,斯疏矣"(《论语》),"切磋""责善"也有一定限度,否则朋友就吵翻了。因此,所谓"朋友信",不仅是平等的理性承诺,而更是情感上的信任交谊。"信,情之方也","苟有其情,虽未之为,斯人信之矣"(《郭店竹简》)。"君臣以义合","从道不从君",但即使如此,拂袖而去,却又"迟迟吾行"(《孟子》),仍有情感眷恋。兄弟之间也不是 Aristotle 所说的平等的成员,而是要求"长幼有序","兄友弟恭";各有不同的"关系"位置，怀有并不等同的情感态度。夫妇也不会完全平等，常常不是东风压倒西风，夫唱妇随，便是相反。古代因经济优位而夫唱妇随，夫主外、妻主内，今天倒过来，也没关系。因为所唱随者大都是柴米油盐家常细事，难道也要去追求一个是非分明的"正义"而各请律师吗？重要的是维系家庭不离散的恩情爱谊即情感和谐。不吵架是不可能的，而不是一吵便不可挽回。所有这些，都是通过双方情感和谐以使这些"关系"稳定持续。这样，各种不同的人情非常具体地被规范被体现在各种不同"关系"中，各种不同的"关系"也呈现在各种不同的人情中，这使得人情如前所述变得更为细致、复杂和丰富。正是这样，促进人性——"自然的人化"的成长。陈寅恪"中体西用"强调的"三纲六纪"，如同梁漱溟一样，其实也正是这种关系伦理。在"三纲六纪"的伦理—政治笼罩下，个体的自由、平等、权利、利益等观念和制度便不可能发展和突出。传统是两德合一不可分割的，理性与情感也如此。但如今，时移世变，由于社会生活特别是经济生活的变迁，今天大家庭大家族（宗法家族）消失了，原有的"三纲六纪"的"关系"在政治上、伦理上以及观念上都失效或消失了，个体单位、契约准则、公共理性成为社会秩序的基本原理，"平等"被强调为"人的本性"（如 Rawls）。但是，人们不还是生活在老少、长幼、上下、左右、远近、亲疏等各种并不等同或平等的"关系"中吗？人虽然成为自由、平等、独立的个体，不再接受过往时代外在规范、纲纪的严格支配，但在实际相处上,在情感态度上,不仍然用得上前面讲的"七情十义"而并不"平等"的情理结构吗?今天制度伦理可以消失,但关系情感却依然可存。不应该提出这种理论自觉吗?

问:你是否要以"关系主义"来替代和否定个人主义呢?

答:否。正如"情理"并不否定理性,只是否定"理性至上"一样。"关系主义"并不否定立足于现代生活之上的个人主义,只是防止和反对个人主义至上和右派自由主义而已。来自"情理结构"的"关系主义"可以作为中国传统的宗教性道德对现代社会性道德中的个人主义的范导和适当构建。比起许多宗教和主义以上帝、神意或社群、历史必然来范导和构建,似乎更适宜于中国,而且具有扩而充之及于四海的世界普遍性。

问:总之,你还是回到一开头讲的"理性"与"情理"之别。

答:从哲学根源看,周易咸卦(男女交合)与"感"(天人感应、人际感通)相通相同(从贾晋华教授说),这正是巫史传统的儒家"有情宇宙观":天地万物有如男女均处在相互交感"关系"的情境和情感中,它颇有不同于西方传统的 logos、理性、语言和逻辑。我以前有两段话,似可在此

联在一起引用一下:

> 有一点曾让我惊讶:古希腊有名的"四大美德"——节制、正义、智慧、勇敢,其中没有仁爱一项,即没有情感性的东西。除了勇敢之外,另外三者都是理性的。当代麦金太尔名著《追求德性》也说,德性的核心是智慧,突出的仍然是理性、理知判断。这个理性主义传统如此持久顽强,对中国人来说,有点奇怪吧?当然,希腊也大谈 eros(爱欲),认为它是智慧的根基,基督教大讲 agape(圣爱),但它们都不是中国这种以亲子为生物基础而加以理性化的仁、慈、孝、爱……中国人讲的德性或美德,都是情感性非常突出而又包含着认知、理智,反对"愚忠愚孝"。"智、仁、勇"三达德,其中仁是最根本的。在理论上也一直如此。我欣赏《礼记·檀弓》记载孔子讲对待死者的"礼":如果把他当死人,是"不仁";如果把他当活人,是"不智";所以陪葬品是"明器",而不是真物。这多么有意思!仁智兼备构成了许多层次和比例不同的情理结构的心理形式。(《中国哲学如何登场?》第81页)

"礼治"不同于"刑政","人治"不同于"法治",亦在于此,即非仅强调外在律令规范的客观性,而重视在血缘氏族基础上人际关系的"温情脉脉"的情感认同与和谐一致。如何在现代法治的政治社会体系中,尽可能保留一些这个方面的传统,如重协调少诉讼,多解释少判决等等，仍值得重视。这当然极难，且影响效率，然而却是值得努力为之的某种开创方向。也许，现在提这一方向还为时过早？（《论语今读·1.12记》）

为时过早

问：为什么说"为时过早"？

答：还是我以前说过的，我现在不愿多谈"情本体"，因为必须有了"法治"之后才好讲"人治"，有了"正义"才好讲"和谐"。如今"法治"、"正义"尚未实现，大谈"人治"、"和谐"有危险。还是我那个"两德论"的原理：社会性道德—现代法律—形式正义—"权利优先于善"的公共理性是现代社会生活基础，宗教性道德的情感—信仰只能起范导和适当构建的作用，而不能替代和决定它。现在首要仍是前者，即使"适当构建"也必须严格把握，基本原则是不能严重损害前者。

问：那么，为什么又要提出这个"情本体""关系主义"的"范导"呢？

答：我很佩服 Adam Smith 在商品生产、市场经济的初始阶段便敏锐地预见了"经济人"（理性的交换自由和平等）对传统道德的侵害，而提出建立在同情共感基础的"道德人"，但又仍然以"正义"（公共理性）为重要核心。Sandel

今天所举那许多事例，只不过是再一次确证 Adam Smith 的预见而已。今天，中国传统"关系"在瓦解，各种血缘地缘纽带所组成的传统"关系"在不断消退，代替熟人社会的是一个各顾自己的陌生人世界：同居一楼，上下左右可以长期不相识、不了解、不往来，"邻里相望，疾病相扶持"不再出现。

问：能够再回到传统"关系"中吗？

答：不易。社会经济生活不可倒退地变迁了。但迄今为止，中国仍然是人情关系、人际温暖比较起来更为丰富发达的地方。请客送礼串门子，寻亲访友凑热闹，各种聚会、聚餐寻高兴，春节数十亿人的往返流动（回家），有心理纠结和亲友细聊而不必找心理医生等等，便远为普遍。

问：所以你认为传统仍在且可发扬？

答：在个体作为上如此，在社会伦理上亦然。就罪犯说，中国古代视不同情境有"将功折罪""戴罪立功""理无可恕，情有可原"等说法，死罪犯人临刑前监狱供应丰厚酒肉以享受最后的物质生命，不同于西方临刑前对神父的心灵忏悔，难道前者就一定比后者"低级"吗？未必。今天中国法律上有"养亲"、"居民委员会（协商调解）"、"死缓"等。死缓便优于废除死刑，不是死或不死的逻辑两分，而是在这两者之间留有相当灵活的缓冲地带，在正义基础上充满人道情感，但该死的仍得死，"挥泪也得斩马谡""不杀不足以平民愤"，既遵循正义，又顺应民"情"。这些大概都难以个体之间公共理性的正义原则所可规定，它涉及"关系"和"人情"。孔子和儒家讲"经"与"权"，这也涉及"形式正义"与"实质正义"在各种具体情境中如何对待处理的问题，都值得进一步深入探讨。

问：中国传统以亲情为核心而展开。费孝通《乡土中国》中著名"差序格局"不是讲如石投水中波纹由近及远而逐渐消失，因之不可能在一个如此广阔的国家内实现吗？

答：中国不仅本家族，而且各家族之间常有各种姻亲关系从而联系在一起，以至于将各种同学、同事、大小同乡、同行、同门、同班、同难等等关系……联结在一起，他们相互纠缠、盘根错节，使全社会构成了一个各种差异并存、虽不平等却可支援人际和谐的"关系"的情感之网，而不是原子个人的平行（"平等"）捆绑。这也就是前面讲的"关系主义"的美德伦理，不同于作为平等成员的 Aristotle 美德伦理。也不同于 Rawls 的正义感。正义感属于我说的现代社会性道德范围。我说过公德也有感情（公共理性不只是一套理性秩序而已，它也需要情感支持），只是不能等同或归结为"关系"情感，但关系情感可以重叠并加强加深公德情感。当然，其中也有矛盾和冲突，仍然需要具体分析对待。

问：加上《论语》所说"仁者爱人"、"泛爱众"、"四海之内皆兄弟也",便构成一个极为广阔深厚的情感之网。

答：总之,儒家建立的是"有情宇宙观",是肯定这个物质世界、人生、生存、生活的宇宙观,并把人的身心与自然万物作出情感的类比联系,从而肯定、重视和提升即理性化人的自然需要、欲望、情感,不去刻意追求离开肉体的灵魂超升、天国进入。因此如何在一个"陌生人世界"的现代社会中,能够重新建立起各种"关系"中的情感和谐,以"和谐高于正义"的理念来范导和适当构建公共理性所设立的社会性道德和法律规范,便将成为今后理论上和实践中的重要课题。

问：如何展开细节？

答：不可能。如前所说,哲学伦理学只提供"纲要"。其细节展开一方面归属政治哲学,另方面归属道德心理学以及宗教哲学,应由更多的专家研究。而且重要的是,前一方面还需要更多的现实经验提供充分的材料。

问：你只提出问题？

答：我认为重要的是准确提出"问题"。总而言之,我讲的"情理结构""关系主义"只是说,我既不赞同用来自先验的"理性"、也不赞同用源于动物且较空泛一般的同情心（从孟子"恻隐之心"到 Adam Smith、Hume 的 Sympathy、empathy），以及正义感等来作为道德行为的起源和动力。

问：孟子也嘲笑齐宣王"以羊易牛"，还说"闻其声不忍食其肉"，所以"君子远庖厨也"。

答：可见"同情心"不能解释和解决伦理—道德问题。因为这个"同情心"没有与动物本能划清界限。动物也有同情心，有利他本能，甚至也有牺牲自己的本能，但动物有道德吗？社会生物学派说有，我认为没有。正如动物没有信仰没有宗教一样。因为动物没有那种情理结构。伦理道德恰恰是人类以理性主宰为特色的自我建立，也就是我一直讲的人文和人性。

问：这仍然要回到你所讲的人性能力、人性情感和善恶观念的人性即你所谓的情理结构问题。

答：已再三重复过，人性不是自然性，而是人化的自然，是"情理结构"问题。"情理结构"在外在人文表现为情境、情感对"正义"的范导，在内在人性上表现为人性情感与人性能力、善恶观念的谐同。

III

从 Kant 谈人性与善恶

人是目的

问：你很重视 Kant，Sandel 也讲了许多 Kant，你如何看？

答：Kant 是伦理学义务论的最大代表，任何伦理学都要提到他。但问题复杂，我也有些很特殊的看法。

问：什么是这些看法？

答：我将 Kant 的第二原则"人是目的"与第一原则（"不论做什么人，应该做到使你的意志所遵循的准则永远同时成为一条普遍的立法原理"）、第三原则（"每个有理性的存在者的意志当作普遍立法的意志"）彻底区分开来，认为"人是目的"是具有现实内容的时代产物：每个人都是目的而非工具，不能把任何人作为工具对待、使用、相处等等。这是社会历史发展到一定时期所产生的社会理想。

正如"天赋人权""人生而平等"一样，"人是目的"并不是自古就有的先验原理。从而它也并不是能够普遍立法的自由意志。在希腊奴隶制时代，人只是会说话的工具，并非目的。战争时期，士兵只是统帅的博弈棋卒，并非目的。革命年月，人们被要求作"驯服工具"和"螺丝钉"，也不是目的。迄至今日，人非目的的情况仍然大量存在。人是机器的附件、生产的工具、驯服的奴仆便随处可见。但第一，这不会永久，而只是历史行程不可或免的阶段。科技的发达将使许多单调的、肮脏的、繁重体力的、机械的而非创造性的"劳力"逐渐由机器人（robot）来替代，而且会使整个社会中人作为工具的各种现象逐渐减轻。第二，毕竟今天人格独立，人们可以"拂袖而去"，自主作出认为较好的工作选择，不必再是永远被动的"驯服工具"和"螺丝钉"。

但也因为历史尚在进行中，人类还远未得到个人真正独立和自由，Kant 把本是近代资本社会时代的观念意识提升为绝对律令，为现代自由主义提供了最为崇高的理论基础，将"整体应为个体而存在"这一现代人权宣言最突出最鲜明地揭示出来，而颠覆了整个过往的历史。每个人可以追求真正成为"自我"的权利，不再是任何权威、集体、他人的工具，不再是任何神学、制度、风习、意识形态的奴仆。人是自由、平等、独立的个体，有自主选择和决定的权利。尽管这一观点和理论有其非历史的弱点，但它喊出了现代社会的心音。它作为今天和今后的现实和理想，将无可回避、无法否认和不可抗拒。从而对人类具有着划时代的永恒价值。Sandel 准确地瞄准 Kant 进行射击，也不能不保持着高度的尊敬。Kant 这种启蒙时代的伟大理想和伦理标准、道德理念便至今光焰长存。它承前启后，也正是我所说的"现代社会性道德"的核心部分。"现代社会性道德"并不能也没有完全实现"人是目的"，但它是实现这一理想的历史进程中的一大步。

普遍立法

问：那么另两条呢？

答：对这两条我作了前人包括中西似乎少有的解说。Kant三大《批判》我以为都是为了解决"人之所以为人"的"人性能力"问题。伦理学的"普遍立法"和"意志自律"（或"自由意志"）这两条实际可归结为一条，即人有能普遍立法的自由意志："你的行动，应该把行为准则通过你的意志变为普遍的自然规律"（苗力田译文）。它实际揭示的是人的道德行为的形式结构，指的是人的内在心理的强制机制，而并无具体社会时代内容。它们与第二条"人是目的"尽管在Kant那里保有着内在的联系，即作为自由、平等、独立的人应具有"普遍立法"的"自由意志"，显示了个体人格的尊严和威力，但实际上并不相同。因为这个能"普遍立法"的"自由意志"只是人的某种心理形式，很难具有实质内容从而空泛之至。当年Hegel严厉批评Kant是形式主义，也以此故。Hegel以具有特定历史内容的伦理学代替Kant的道德律令，也就在否定现实生活中这种抽象的能"普遍立法"的"自由意志"。实际上"人是目的"属于外在人文的政治哲学,这两条属于内在人性的道德心理学。我以为,Kant 从内外即人性和人文两个方面树立起"大写的人"。

问:Kant 不是举出"不自杀"、"不说谎"、"发展自己"、"帮助他人"作为完全义务和不完全义务即你说的"强""弱"两类四项的具体内容吗?

答:Kant 认为这四例之所以能"普遍立法",是因为否则便违反自然律而自相矛盾。我以为,实际上是因为这四项可说是任何群体赖以生存延续从而个体应该服从遵行的义务原则。历来伦理学对此研究阐释显得很不够(第二例"不说谎"除外)。人如自杀、说谎、不发展自己、不帮助他人,各群体(从而人类)也就不复存在。所以各宗教都将"不自杀"、"不说谎"等(佛家也有"不打诳语")作为基本教义而要求个体忠诚遵行。但是,在复杂的现实生活中,它们却很难甚至不可能彻底兑现。在敌人面前,不说谎而使同伴遭难,道德吗?壮士自裁,烈女自经,屈原投江,陆秀夫蹈海,不道德吗?今日如 Sandel 所举:安乐死,医生辅助自杀等等,是否道德,争议也仍然很大。可见,Kant 所称能"普遍立法"的逻辑在现实中并不适用。Sandel 用 Kant 本人和 Bill Clinton 总统的巧妙言辞来为"不说谎"原则辩解,也非常牵强。"不说谎"作为伦理原则是社会所需要的,作为个体行为的道德律令,却并不普遍必然。而这四例实际表现的倒恰恰是群体利益，而非自由主义强调的个人权利。其具体执行或实现，仍然依存于具体的时空情境。

自由意志

问：那么，Kant大讲"普遍立法"又有什么意义？

答：我以为其意义在于突出了人们履行道德义务所展示的伟大心理形式，展示了"人之所以为人"所独有的"人性能力"，展示了"自由意志"作为"人性"的核心地位，和人所独有的情理结构。

问：如何讲？

答：它指出每个人作出道德行为时所认定的信念：我这样做是应当适用于所有人的规则律令，所有人均应效法于我，我的行为是可以"普遍立法"的行为。按中国说法，我这种行为就是"为天地立心，为生民立命"的行为，是一种不考虑、不顾及我个人的苦乐、祸福、安危、利害以及因果，而必须服从遵循的理性的绝对律令。它突显的是人作为理性存在者的无比力量和光辉，并由此激发出远远超出动物族类的人的巨大生命力量。人不再只是吃喝玩乐、感性享受和感性存在的动物，而是可以由理性主宰自己，置苦乐、幸福、生命、经验、感性存在于不顾的"自由意志"，这就构成了"人之所以为人"的本体存在。这其实也就是孔老夫子讲的"克己复礼为仁"。孟夫子讲的"浩然之气","富贵不能淫,贫贱不能移,威武不能屈"。这种行为活动的心理特征,我称之为"理性凝聚"。我以为这才是Kant第一("普遍立法")第三("自由意志")原则的真正内涵所在。Kant赞赏普通老百姓能遵循道德而行事,也指的是这种"立法"心理,是指它的心理结构形式,而并非指具体社会人文内容。Kant对法国大革命的民众赞叹不已,也是对其不惜牺牲自己的道德心理形式,而非对其伦理具体内容(过激的革命行动)。伦理道德中的特定社会内容随时空而有变迁,但这个心理结构形式却是永远常青的。

问:这也就是你在《伦理学纲要》中强调作为道德的"人性能力"?

答:它是"人性能力"的一个部分。"人性能力"还有不同于动物的人的认知能力和审美能力。但"自由意志"是"人性能力"的核心,Kant尊之为本体。我也说过伦理道德在逻辑上和现实上优先于认知。但与Kant不同的是,我强调所有人性能力都不是先验或天赐,而是要经过历史的洗礼和教育的培训才能为人所拥有。

问:《批判哲学的批判》(1979)一书就强调教育是未来各学科的核心,即培育人性。

答：那本书里就讲到从小教育儿童"不说谎",不这样、不那样,就是为了培育这种理性克制和主宰感性的"自由意志",培育作为个体的人不再只是趋利避害、怕痛苦、喜安乐的动物。孟子说"苦其心志,劳其筋骨,饿其体肤,空乏其身",斯巴达严厉的军事训练,等等,都是为了培育这种百折不挠的"理性凝聚"的"自由意志"。

伦理与道德

问:既然是一种心理形式,你才说恐怖分子与反恐怖的救火队员的自我献身在个体道德即理性主宰感性、在作为理性存在者这一点上,是相同的。恐怖分子也认为他(她)们的行为是"自由意志",可"普遍立法",为"圣战"牺牲自己而值得他人尊敬和效法。

答:但恐怖分子所遵循的人文伦理原则和善恶观念大错特错了。何况其中还有大量受骗的妇女和儿童以为自我牺牲便可到天堂享受感性的快乐和幸福。这就不属于道德了。

问:所以你要区分伦理(外在善恶观念的遵守与灌输,由礼到理)与道德(内在心理的结构形式,由理到情)。

答:对。Hegel虽也区分伦理与道德,但他把道德看作只是抽象的普遍原则,而根本没注意和重视道德作为非常具体的个体心理结构形式的重要性，与我根本不同。以后的学者也作过一些区分，但与我这区分仍然根本不同。Sandel 所举的许多事例，就没有清楚区分何者是与制度相关的政府行为、方案、决策的伦理，何者为涉及个人行为、心理的道德。当然，两者的绝对区分很困难，却非常必要。如果将政府行为与个人行为混在一起，便很难讲清楚。

伦理是外在的制度、风习、秩序、规范、准则，道德是遵循、履行这些制度、习俗、秩序、规范、准则的心理特征和行为，如 Lawrence Kohlberg 儿童道德发展的三层次所揭示的不同心理。伦理和善恶观念随时代社会而有各种变易，这已由大量的文献材料和文化理论所证实，包括 Sandel 也认同。昔日视为当然，今日视为不然，此地认可、赞扬，他处反对、抨击。如妇女应否守贞或改嫁、应否接受教育、应否披着黑袍只露双眼等等，便是例证。道德作为个体心理和行为，虽然在现实中也颇有不同，如上述 Kohlberg 的三层次便不仅在儿童而且在成人中也存在，由于道德主要应表现为行为，遵守公共法规也就可以算作道德，一般也认可这些非 Kant 严格意义上的"道德"。但按 Kant 的"本体"标准，只有并非考虑个人幸福、利害也非只是遵循准则、制度等等，而是自己立意如此能"普遍立法"的行为，才能算是道德。其他不过都是遵行或符合一般准则的有条件的假言命令的行为而已。Kant 提出这种"普遍立法"的心理形式的绝对性才是古今中外概莫能外而为人类所独有的理性结构。这样才可能"匹夫而为百世师，一言而为天下法",这才是"太上立德"。而"立德"之所以居于"立功""立言"之上,就在于它树立了"人之所以为人"这个使群体、人类能生存延续的"心理本体"。这其实就是在相对伦理人文中积淀出道德人性的绝对。我在伦理和道德的两方面都承认多样性、相对性,但反对相对主义。

总之,我以为 Kant 这两条讲的主要是人性问题,是道德心理学,而不是某种为人类"普遍立法"的政治哲学。也不可能有这种哲学。秉从 Kant 的 Rawls 最终也修改他那"正义论",剔除形而上学而退守在"重叠共识"上。

四个箭头

问:这似乎又回到"情→礼⇌理→情"了。

答:这倒与唯物史观相符合而不同于许多政治哲学由"理"(思想、观念)到"礼"(制度、秩序)的逻辑。第一个"情"是《周易》讲的"以类万物之情"的"情"。它包括个体"情欲"但不止于它,而是与"情欲"相连的整个群体生存情境,这一要点前面已讲。后一个"情"是指个体"情欲",但也不只是感情,而是整个心灵状态。

四者之间有四个箭头的"关系"。第一个箭头由"情"到"礼",前面讲荀子时讲过了。第二个箭头由"礼"到"理",也就是上面讲的将外在伦理规范、风习、秩序、制度、准则变为个体内在的是非善恶的观念,这里面有理知认识。在这过程中,"理"便经常由经验而被宗教主和哲学家提升为"先验"、"超验"即所谓"天理"、"良知"、"纯粹理性"、"天地之性"等等。由"理"到"情"的第三箭头主要即是上面说的理性凝聚培育意志,以"理"主"情",由理性通过所认同的善恶观念来控制和培育情欲,主宰行为。因之所谓"人性能力"的"自由意志",也就是依据自己的善恶观念来自觉行动的能力,这是一种强制性的能力。

问:这三个箭头想展示的是一幅复杂的情理图景,你不想把伦理道德的根源或动力简单归结为理性或情感,无论是外在的"天理"、内在的良心或自然的情欲。

答:我反复强调历史和教育。通由历史生存的"情"境中产生出"礼",经过教育,"礼"成为个体的"理"(善恶观念),并在行为中主宰"情",同时通过"情"作为冲力,帮助而实现之。这就是"实践理性"。还是荀子说得好:

> 人无师法,则隆性矣;有师法,则隆积矣;而师法者,所得乎情,非所受乎性,不足以独立而治。性也者,吾所不能为也,然而可化者;情也者,非吾所有也,然而可为也。注错习俗,所以化性也;并一而不二,所以成积也。习俗移志,安久移质。并一而不二,则通于神明,参于天地矣。(《荀子·儒效》)

"隆性"是放纵自然情欲,"隆积"就是以"礼、法"(理性)统帅自然情欲,使之积淀,最后可成为与"天地参"的"人性"。《中庸》说"天命之谓性,率性之谓道,修道之谓教",我以为"率"乃是"帅",即以"礼"化为内在的"理"来统帅自然生命("性"),这就是"道"。这就是"道始于情"的"道",此"道"之能普遍通行,还需教育,是之谓"修"。

这里要交代清楚的是:善恶观念并不是理性凝聚的"自由意志",它只是这个"自由意志"的具体内容。"礼"作为源于巫术实践活动,既有意志力量的"情理结构"的形式方面,又有具体善恶观念的内容方面,这两个方面组成由"礼"到"理"。所以"理"在这里有两个含义,一是指理性凝聚(意志),一是指理性内化(认识,即善恶观念)。由"礼"到"理"培训了个体理性的这两个方面。

问:人的内心善恶观念既由外在的礼仪、秩序、制度等等而来,那怎么会有新旧善恶观念歧异、对立和冲突呢?为什么会有"提倡新道德,反对旧道德"呢?

答:这恰恰是观念的先行性、预见性。"礼"进入"理"的概念认知领域后,"理"自身就相对独立,因为人的生活一直在动迁变化中,人的认识和行为既有服从、认同、归属"礼"的方面,又有背离、挑战、反抗和叛变"礼"的方面,其中也包括对"礼"作重新解说和修正、改变的方面。观念的能动性可以相当突出。新观念既有现实生活的来源,也有观念自身的变化发展的逻辑,它完全可以突破现有的"礼"的规范和要求。所以由"礼"到"理"并不是存在决定意识的机械论,认知可以先于、早于新秩序新规范新制度(即新"礼")的出现,可以促成旧规范旧制度的崩毁或改变。"礼"和"理"从这方面讲,又是双向展开的,这就是第四个箭头即由"理"向"礼"逆向而行的虚线箭头意义所在。其他也有"双向"或"逆向",但远没这个"逆向"重要,就暂不谈了。

人性情感

问:但你又说,人性作为道德心理形式中还有人性情感,并要以 Hume 来补充 Kant。

答:人性能力、人性情感、善恶观念是我讲人的道德心理的三个组成部分。"人性能力"(意志力量)与"善恶观念"(理性认识)在实际行为中是合在一起的。它们是道德行为的动力。但道德行为除善恶观念、自由意志外,还需要人性情感的冲力作为帮助。这里的所谓"人性情感"也包含在"情→礼 ⇌ 理→情"中的最后那个"情"中。因为所谓"理主宰情"的"主宰"不仅是指理性控制、压抑甚至扼杀某些情欲(这是主要方面),而且也指理性培育、发展、宣泄某些情欲或情感,使它们作为巨大冲力,帮助理性行为的实现。

问：这方面好像Sandel没怎么讲。

答：Sandel主要讨论政治哲学，不必涉及道德心理学和个体心理。我着重的是人性，必须注意这个方面。但如我屡次说明，我讲的并不是经验心理学，而只是提示一种哲学视角。我的伦理学是哲学，涵盖政治哲学和道德心理学两方面，却并不是它们本身。我不研究政治哲学，也不研究道德心理学，所以上面讲功利主义、自由主义，这里讲道德心理，都只最简略提及。Rawls《正义论》还描述了一些道德心理，我只提出"理主宰情"这个观点。

问：不仅"人性能力"而且"人性情感"也需要培育？

答：情感有自然生理基础，动物也有"情"，而且因为都产生在族类历史长久的残酷生存竞争中，作为生物族类自然的"情"，既包括如同情、利他、合作等"好"的情绪和行为，也包括自私、残狠、杀戮、嗜血等"坏"的情绪和行为。"文革"中，好些中学生包括女学生都非常凶狠残暴，好些恐怖分子、雇佣军以及所谓"杀红了眼"的普通士兵以杀人为乐，等等，便都是特定情境中在错误善恶观念引导下的某种动物性本能的宣泄。这些错误善恶观念和邪恶文化因素可导致人比动物更凶残更暴虐，属于Kant所谓"本恶"（radical evil）。所以培育"好"的动物本能，排斥、控制、抑灭"坏"的动物本能，其中主要就是以理知正确认识善恶并凝聚力量来控制某些原始性能,将原始爱恶本能培育为情感冲力以执行理性命令,便是在道德上培养出"人之所以为人"的过程。这里所谓"好""坏"都是指对群体生活、人类生存而言。Kant 的实践理性因为反对经验主义,将一切感性排除在道德律令之外,便不可能重视这一点,所以应予补足。

孟荀统一于孔子

问:你是说但由于理性的干预,人的情感也可能更坏。

答:幸灾乐祸、自欺欺人、凶狠残暴等都来自为了生存需要的动物本能,在理性驱使指引下,它们可以发展到远非动物所能比拟的高度和复杂度。例如以大规模的凶杀为乐,动物便没有。但同样,也可以将动物的"好"的本能如同情、怜悯、合作等本能发展到"仁民爱物"的伟大高度。社会生物学在揭示出人的道德行为可以追溯其动物生理的根由和本能方面很有价值,但将人的道德行为直接归结于动物本能,则是谬以千里了。人各有其 DNA,自然禀赋有差异,但毕竟相近。神经元是天生的,但神经元之间的通道和结构形式却是在后天环境和教育中建立起来的,所以关键仍在于后天教育。在这里,孟子的先验"性善"需扩而充之和荀子的先天"性恶"、善乃人为,便可以统一。它们统一于孔子"性相近也,习相远也""兴于诗,立于礼,成于乐"的"学"即教育上。它也可以包容 Hume、Adam Smith 的"同情共感"

理论。不是先天的"性善"或"原罪",也不是 Hume 或社会生物学的自然本能,而是"学"——教育才是道德的根由。按 Wittgenstein "游戏规则"的说法,人们语言规则来自生活,它们并非来自个体心灵,个体心理乃由社会规范培育而成。儿童学习语言其实也就是学习社会生活中的行为规范及"游戏规则"。所以 W 反对心理主义、个体主义。在伦理学,这就是"情→礼⇌理→情"。两个"情"都是社会性的。

问:你讲的情欲,包括前面引用的《荀子》,似乎大都是指人们生存基本需要的物质方面。但人还有许多高级的情欲,如对荣誉、地位、财富、事业、追求真理等等欲求,以及各种审美情欲,如何解释?

答:"高级"情欲与"低级"情欲有各种直接间接的复杂联系。一般说来,在"低级"情欲满足的基础上才有"高级"。而"高级"常有"低级"的铺垫、基础和渗透,如爱与性,财富、名誉、地位、事业与"食"等等。各种情况需要专门分析,上面讲功利主义的高级低级幸福已经谈过了。

问:是否有道德欲望呢?孟子说"可欲之谓善"?

答:这个"欲"便与生理需求没关系了,它是指自觉的道德意愿和认识,是所谓"心所固同然"的"礼义"即善恶观念,与 Kant 所谓"我可欲望什么"相近,已不复是与生存需要的欲望了。为避免混淆错乱,我仍然严格地把"欲"一般限定在自然生存的基本需要上。包括也不把正义感等等作为"欲望"。把"高级""低级"的所谓欲望混在一起,问题便讲不清楚。因为这里有非常复杂的不同的情理结构。

问:你的主旨始终是"情理结构"。

答:道德感情也如此。如敬重、崇仰、自豪、自尊、自责、自卑、羞愧、内疚、悔悟、同情、怜悯、羡慕、怨恨、妒忌等等,其中都有理知认识、善恶观念的渗入,结构各有差异,形式极为复杂,应由许多专门学科如心灵哲学、道德心理学、儿童心理学、脑科学来研究。但从儿童心理学也可清晰看出"礼"(外在引导、规范、惩罚)→"理"(理知认识、善恶观念和理性凝聚的主宰力量)→"情"(使"快乐的犯错者"变为"难过的犯错者")等大体过程。

中国上古,"礼乐"并称。"礼"来自巫术仪典,其中便有"乐"(音乐)。"礼"分别等级差异,成为认知的"理"(善恶是非观念),但又通过"乐"和"仪",直接作用于塑建有自然生理基础却仍专属人类的感情。《郭店竹简》有"宾客之礼必有夫齐齐之容,祭祀之礼必有夫齐齐之敬,居丧必有夫恋恋之哀"。《礼记》有"春禘秋尝,霜露既降,君子履之,必有凄怆之心,非其寒之谓也"(《祭义》),"馈奠之礼,所以仁死丧也"(《仲尼燕居》),"此孝子之志也,人情之实也,人情而已矣"(《问丧》),等等。更是培育与自然生理的"欲"

无直接关联的"情"(如"非寒"之凄怆)来协助"理"以完成道德行为;并使情感细化而丰富,不再只是具有生物基础的各种情欲,而成为"人情"。"情""欲"有各种等级和分类,西方哲学家罗列了不少,有完全与"欲"无关的情感,如智慧的满足,道德的愉快,审美的享受,等等。它们与生理苦乐、需求欲望已无关系,却仍然是某种理性渗入的情理结构。这也就是你上面讲的高级欲望。

问:刚才你讲过"好""坏"动物本能,但儿童读物里却仍然有为儿童喜欢的恶作剧的主人翁,不听话的小顽童,如何解释?

答:这要请教儿童心理学的专家们。我以为这是为了丰富儿童的想象力和主动性,全面满足和培育儿童心理,不只是进行道德教育而已。但"恶作剧"和"不听话"也常常限于局部,并非全称肯定命题,而经常以喜剧效用收场。在大量的儿童读物中,从道德角度说,更多是忠奸分明、善恶清晰:老狐狸、大灰狼、小白兔、大公鸡,正反面相当清楚。包括小孩看戏也总喜问这是好人还是坏蛋,为自己的情感和理知取得一种道德心理立场,亦即塑造道德心理的情理结构。

问:照你所说,这都是为了培育人的善恶认知和人的好恶情感。

答：但儿童长大进入社会生活，情况便远为复杂。莫言说"每个人心中都有一片难于是非善恶定型的朦胧地带"。在现实生活中，人们都常常处在许许多多善恶是非错综交缠很难分辨和"定型"的广阔地带中。并非好人都无严重缺失，也非坏人一无是处。Dostoevsky 就充满了这种好坏善恶纠结不清而可震撼人心的描述。从而"大义灭亲"还是"亲亲相隐"，"道不行，乘桴浮于海"还是"知其不可而为之"，在好些时候便是非常困惑、艰难和痛苦的选择。但这些现实生活中的复杂性并非儿童所能理解，儿童有反社会性约束的生物本能，所以仍然需要首先培养明确的道德观念和道德感情。仍以"不说谎"为例，明知成人有时会说谎，却仍然得教育小孩绝不说谎，因为他们还不可能去把握处理各种"必需说谎"的特殊情况。"不说谎"在这里仍然是"普遍立法"的绝对律令。

问：实际生活中道德的两难处境的确不容易处理。

答：当年 Sartre 讲存在主义的自由选择和决定时，有人问他：到底某人应反纳粹而可能牺牲，还是应养老母以自保，二者不可得兼。Sartre 不能回答。中国也有许多"忠孝不能两全"的著名事例。在历史与道德张力巨大的今天，"公德"与"私德"的背离与矛盾，例如是讲契约原则还是讲朋友情谊，等等，使两难情境更加增多而突出。其中，市场与道德的冲突如何解决，便不容易，Sandel 书中举了好些道德在市场冲击下丧失的事例。例如罚款变成了收费，使人丧失了道德感情。Sandel举出以色列家长迟接小孩实行罚款后，迟接的反而更多，家长们认为已付费，迟来反无所谓，没有对耽误老师的歉疚感了。但罚款又的确就是收费，以后取消收费，仍然迟接。如何办？后事如何？Sandel没有说。

问：看来道德情感比人性能力还复杂？

答：我以前说对至死不投降的敌人会感到钦佩是一种道德感情，但又并不尽然。对好些愚忠愚孝者，一般不会产生敬佩感情。相反，会感到怜悯。对作恶多端却宁死不屈者会感到厌恶。对年幼无知盲目听从的希特勒青年团至死不悟，你会感到怜悯；但对那些纳粹骨干，尽管他们辩称自己乃忠实履行职责，执行命令（也是"绝对律令"）仍会感到厌恶。因为他们把人类积累到今天的基本善恶观念和人性感情完全践踏了。

不能倒过来

问：你这里讲了好些情感紧相联系的善恶观念，如果倒过来，以Hume为主，辅以Kant，即情感为道德动力，理性不过是奴仆和工具；如何？

答：不行。这样就与社会生物学差不多了。已经讲过：动物也有情感，如同情、怜悯、爱恋等等，它们都由生物生存的自然因果律所决定，完全没有人类"自由意志"（自觉地不计因果利害、个体苦乐存亡）的道德特征，这从而也就抹杀了"人之所以为人"的"心理本体"。我仍然拥护Kant。当前西方流行的情感论、直觉论都大抬Hume，其实，即使是极迅速的道德直觉，也仍然是广义教育所培育包含不自觉的理性因素在内的成果，仍然是某种情理结构，这一点在上世纪五十年代我论述美感直觉性时便着重讲过了。

问：社会生物学和自由主义者Hayek都认为动物有"利他"而牺牲自己的行为。

答：动物牺牲自己以"利他"也是本能，而非"自由意志"。Hayek反对社会生物学，认为应排除这种原始性的利他本能，才是自由的个体（人）。Hayek强调社会自发秩序、个体自由竞争，反对理性构建，反对福利政策，认同优胜劣败，以至于有人说他是社会达尔文主义。Hayek在中国极有影响，Sandel却很少讨论他。我以为，如果简单地说Rawls承续了Kant"帮助他人"的原则，是否也可说Hayek承续了Kant"发展自己"的原则呢？两人都是大师，可说是自由主义左右两大派的最大代表（尽管Hayek本人和一些人并不认为他是Libertarianism）。我把他们都归在Kant门下，特别是把反理性构建的Hayek也纳入，也许有点勉强。我大概太偏爱Kant了。

问：你虽然十分赞赏Kant，却仍要以中国传统的"情本体"来补足。Rawls和Hayek以及自由主义左右两派却都不着重情感，只大讲理性的正义。一直演变到今日，突出"原子个人"、"个人权利"、"自由选择和决定"，甚至完全以"商业化效应"即理性计算的市场效果来判定正义，如Sandel在书中点名的好些当代经济学家。

答：我认为走偏了，由于反经验主义，Kant之后的确在政治哲学中不再有情感的位置了。但我以为在Kant那里却并没有"原子个人"等观念。Kant晚期的历史政治论文可直通Hegel和Marx。Allen Wood甚至说Kant是"开端的马克思主义"（Proto-Marxism），在《Kant的伦理思想》一书中，他专门写了一节"Kant的唯物史观"（"Kant's Historical Materialism"）。他说，虽然Kant没有阶级斗争、废除私有制和国家等思想，但是：

> 与马克思一样，康德理解历史的基础是社会生产力的发展，人民集体力量产生出他们独特的、随历史而变迁的生存方式，从而人类历史经历了与特定生产活动的统治形态相适应的不同阶段。与马克思一样，康德看到历史不但是争斗和冲突的场景，而且是加深不平等和压迫的场景。如同马克思的理论，康德认为，这冲突的根源是具有敌对经济利益的不同人群之间的斗争。在这里，不同人群代表着在人类经济发展中的

不同阶段。(*Kant's Ethical Thought*, Cambridge, 1999, p.245)

我以为，Kant 的最后走向是这种整体主义而非个人主义，是人类学而非个体学。Kant 那个超人类的"绝对理性"其实就是人类的总体性。"原子个人"是后代自由主义包括左右派所极力张扬出来的，并不符合 Kant 本意。Kant 虽然可说承续 Locke、Rousseau，但与他们并不相同。所以我讲承续 Kant，与自由主义各派迥然不同。我是经由 Hegel、Marx 理论过程之后回到 Kant。Kant 以纯粹理性取代了上帝，Hegel 作为上帝的"绝对精神"是人类意识思辨史，Marx 将这思辨史改换为物质生产史。(详见《批判》)

问：Sandel 把 Kant 划入 J. S. Mill 等欧美自由主义系列中，许多人包括你自己也把 Kant 推为现代自由主义顶峰。

答：是如此。但《批判》一书各章都是把 Kant 与 Hegel 和 Marx 联结在一条线索上论述的，并明确认为，Kant 是 Locke、Rousseau 等个体主义向 Hegel、Marx 等整体主义过渡的极关重要的转折点。Kant 高扬并用以替代神学上帝的"先验""纯粹理性"并不是"原子个人"，也不是契约原则。Kant "人是什么"的"人"应理解为由整体到个体的历史过程，并不是虚拟的、隔绝的、不变的、绝对的"原子个人"。所以我以为 J. Rawls 的"无知之幕"是片面地承继了 Kant，世上没有能甩开一切"目的""关系"完全独立的纯粹自我。《批判》一书以为，Kant"经由"Hegel 和 Marx 再回到 Kant，才是一条转换性创造的哲学新路。"经由"不是简单的否定，而是有批判有吸收的扬弃。《批判》第六版〈附录〉说：

> 本来，处在二百年前现代化入口，为建立现代社会性道德，需要摆脱中世纪宗教和神学的统治，康德祭起同样神圣的纯粹理性来替代上帝，以独立自主的自由意志对抗前现代对权威的屈从，它给现代化所要求的个人自由开辟了道路。但自尼采喊出上帝已死，现代化的丑陋面目日益展露，自由主义、个体主义开启了后现代虚无主义之门，尽管许多学人的康德研究仍然纠缠不休在先验、个体、理性的各种琐细讨论中，转向却难以避免。罗尔斯（J. Rawls）在其《道德哲学史讲义》中讲康德的目的论王国就是共和联盟的永久和平，Paul Guyer 说康德作为最高的善包含的是人类幸福而非自我中心的个人幸福，Roger Sullivan 说"道德律令形式的权威性和普遍性使我们不可能不认为好像是神意而敬畏，对康德这就是宗教的本质"。《批判哲学的批判》初版指出在第三批判中上帝只是人的主观信念，上帝（也包括各种"超验""先验"等等）实际是围绕人旋转，人的生存延续是更根本的。这些都是走向"人是什么"即以人为本（人类的生存延续为根本）的人类学视角。这个人类学视角是历史的。康德历史观一文曾指出，从个别主体上看

来是杂乱无章,从整体上却能发现这些自由意志的行为中有一种规律性的、缓慢和漫长的发展进程,这是"大自然的隐蔽的计划"。"大自然迫使人类加以解决的最大问题,就是建立一个普遍法治的公民社会",并以此达到各共和国家的联盟的"永久和平"。康德指出,迟早将支配每一民族的商业精神、金钱利益而并非个人道德,才是促使战争消失、实现和平的根本动力。凡此种种,都可以直接与当今现实联系起来。可见,由先验走向经验,由个体走向人类,由与经验无关、与幸福无关的纯粹理性(如三条道德律令)走向人类本体、历史进程、世界和平、集体幸福(而且首先是人类物质生存方面的幸福),便自然成为不同于传统康德研究的新的"路向"。而《批判哲学的批判》在三十年前所提出的,也正是这种人类学的新路向,如初版强调马克思的"自然的人化",提出使用—制造工具以说明"认识如何可能应从人类如何可能来解答",等等。

也许扯得太远了。但在大讲"个体自由"、"契约原则"时,不断提及这个人类学和经济生活基础是重要的,才能展示这个"由整体为个体存在"的历史事实和漫长过程,这也才好与前面讲荀子、讲"情欲"、讲"情理"交会接头。

问:请谈谈著名的海上四人杀一活三案,Sandel 也大谈此案。

答：Sandel在他编的《正义读本》(2007)中把此案作为第一章。简单说来，"人是目的"，如果四人宁愿同死而不食、杀，在伦理和道德上就最崇高。因为它实现了牺牲自我的"普遍立法"和"自由意志"的心理形式。从现实情境看，杀一而活三，虽然"差劲"很多，但仍可以谅解。"死生亦大矣，岂不痛哉。"谁也不愿白白等死，总想多活几天，以图得救，而且被杀者本已快死，也许最好是等人死后再行分食，也就不会发生这个犯罪问题了。法庭以"谋杀"判两人死刑，其中含有如不作此判决便可推论允许杀至最后一人的理性逻辑，毕竟是杀人，必须执行"杀人者死"的法令以维持社会正义，体现法律的尊严不可侵犯。此案最后由国王赦免，将两人减刑至囚禁六个月。减刑并非依据功利主义的理性原则（死四不如死一），而是依据具体情境即"人情"所作出，其中大有情感因素（我未专门研究该案件，此系猜测）。拙作《论儒法并用》曾举董仲舒驳倒"伤父者死"的法律，以"人情"（具体情境，内含情感）来修正既定法律的"儒法互补"案例，有可比较处。这里，情感因素如何以理性方式进入判断、考虑和决定，用离"经"却不叛"道"的"权"来实现"范导和适当构建"，便是要点所在。

问："合情"能以理性来表述或表达吗？

答："没有无缘无故的爱，也没有无缘无故的恨。"情感可以经由理性分析作出表述和论证,而言之有理、持之有故。情感通过事实陈述和解说,不仅打动而且可以说服人心。也就是说,这个"情"也是有原因或理由的,"合情"也得讲道理。只是这个道理有时越出了原来的法理范围,却合乎民情和公意。前面提到的"将功折罪"、"戴罪立功",就是。中国人常说"酌情"处理,也是指根据具体情境(其中包括情感)而不必固守某些既定理则来办事。孔子一生讲"礼",多次指责管仲"不知礼",却又从总体上肯定管仲,"如其仁,如其仁",便是一个"行权"(不死守礼"经")"合情"(理不全在"礼"中)的典范例证。

善恶观念

问:你的人性之分中,除人性能力、人性情感外,便是善恶观念了。善恶观念本属于变迁的伦理人文,为何进入了"绝对"的内在道德人性?

答:善恶观念前面已讲了不少,正因为有此属于外在的变迁的伦理人文,内在的人性结构特别是人性能力才不是一个空盒子。理性凝聚的自由意志必须有其具体内容,才能形成具体行为。能力本身虽可独立于此变动不居的善恶观念,但无此善恶观念,能力也只是手上未射"好箭、好箭",即是可能性而非现实性,任何意志行为都有其具体内容。伦理学讲的就是人的行为。

问：善恶观念既是变化的，又如何能变为"共同人性"的一部分呢？

答：所以这里要着重说明（其实上面已经谈过了），善恶观念虽然随时代社会而变化，但随着社会的发展、生活的进步，善恶观念也在不断积累中进步。养老毕竟替代杀老，明器毕竟替代人殉，缠足毕竟废除，恋爱毕竟允许……而且由于人类物质生活、市场经济的逐渐同质化，衣食住行、性健寿娱的不断改善、丰富和在这基础上精神享受、幸福的增长，在各种相对中积淀着绝对，使善恶观念也逐渐接近和一致。塔利班、恐怖集团对待妇女的善恶观念已为人类大多数所不齿。人们有了更多的伦理学共同语言。这样，由人类历史积累出来的善恶观念也就由人文而人性，成为共同人性一个部分，它渗入人性能力和人性情感之中。

问：提出这种既变易又积累的善恶观念，是既反对伦理绝对主义又反对伦理相对主义？

答：我仍然坚持社会生活的进步使伦理道德也进步的观点。相对主义的确看到了善恶观念的社会变易性，但未足够重视历史的积累性。原始部落猎取人头时，猎者和被猎者均视作"理所当然"，可以无情感上的不适。今日可能吗？至今尚存遗址的古罗马斗兽场上纵兽食人，开头是吃基督徒众人狂欢，基督教成为国教后，以爱为教义的基督徒也观赏得欢呼雀跃,今日可能吗?"康乾盛世"时一人获罪满门抄斩,今天能容忍吗?小女孩自动积极地要求缠足,今天还有吗?无论在社会伦理制度上还是在个体道德心理上都改变了。许多传统观念和情感被扔弃了,"天理""良心"都改变了。社会的进步导致观念的改变,观念的改变也使情感发生改变。整个人类的伦理和道德都在进步中。中国上世纪七十年代末八十年代初改革开放之初,为什么牛仔裤披肩发要引起那么大的争论?不仅在观念上("资产阶级自由化""伤风败俗")而且在情感上(爱好还是厌恶,"看不惯"还是"很喜欢")。共同的善恶观念和好恶感情一样,经常是在冲突中来积累,合理的观念和正面的情感只能在继承和冲突中获得肯定、巩固、扩大和加深。这样,人在相对中积累出绝对,便使人性获得成长。前面已提过,同样是集会,为什么应该禁止复活纳粹的活动而不应该禁止反对种族隔离活动(Sandel所举例),这的确不是"无知之幕"和"中立性"等原则或假定所能解释,这来自人类历史性积累所展现和形成而日益普遍化和共同接受的善恶观念。它来自人类生存延续所积累的经验教训。F. Engels 曾说,妇女解放是人类解放的某种尺度。中外各文化、宗教对待妇女是最鲜明的例证,对妇女的诸多虐待、压迫、抑制、不公,今天仍然大量存在,但迟早会要改变。这里没有什么伦理相对主义,这也正是人性道德中去恶趋善的延续。它与人类总体物质生活中的生存延续相配合。它也是最后那个"情"的培育、生长,又会造成第一个"情"的发展改善。这样的来回往返,形成良性循环,这就是人性与人文的辩证互动,这就是历史的前进步伐。可见,自由主义的许多原则并非来自 Kant 或 Rawls 的理论假设,而是来自社会生活和人类经验。Kant 等人将之抽象为"普遍必然"的"先验理性"、"天赋人权"、"原子个人"等等,虽然它们并不成立,但毕竟把人的地位作了极大提升,促进了人们为之奋斗,在历史上和现实中起了良好作用。

蔡元培的话

问:看来,善恶观念、人性情感、人性能力,构成了你讲的"道德心理学"即个体内在的心理结构形式的三个要点或要素。

答:蔡元培《中国伦理学史》一段话可以在此引用:

> 人之成德也,必先有识别善恶之力,是智之作用也。既识别之矣,而无所好恶于其间,则必无实行之期,是情之作用,又不可少也。既识别其为善而笃好之矣,而或犹豫畏葸,不敢决行,则德又无自而成,则意之作用,又大有造于德者也。故智、情、意三者,无一而可偏废也。

"智"就是分辨善恶的人性观念,"情"就是人性情感,"意"就是人性能力,即"自由意志"。这也就是原典儒学的

"知、仁、勇"三达德。这"勇"不是体力的强壮勇猛,不是"暴虎冯河"的匹夫之"勇",而是"自由意志"的坚毅勇敢,是"虽千万人,吾往矣"(孟子)的"勇",是"而今而后,庶几无愧"(文天祥)的"勇",是在理性原则统帅下的行动力量,这也就是 Kant 讲的"德性",即实践理性。

问:一开头你将人性能力分为认识(理性内构)、意志(理性凝聚)和审美(理性融化),这里讲自由意志的道德行为,其中又包括智仁勇,智相当于认识,勇是自由意志和人性能力,那仁是否理性融化的审美呢?

答:否。仁在这里是同情心及人性情感。要说明的是,前面曾引孔子"克己复礼为仁",这个"克己复礼"的"仁"却不是此处与"智""勇"并列的"仁",而是包含这三者的最高综合。其中有"克己"的"自由意志",是《论语》一书"仁"的十多种不同回答中的最高层次,是 Kant 所说的"本体"所在。"仁者爱人"的"仁"才相当于此处与"知"、"勇"并列的"仁"。孔子回答颜渊当然大不同于回答樊迟。

至善

问:既然认为善恶观念随时代、社会有变迁,你为何又提出"至善"?并把人类的生存延续亦即人类总体的实践活动作为至善,其意义何在?

答：它可以使"善"和伦理道德有一个客观而现实的最后依据。我以为善恶观念不能最终离开人类生存和生活，从而反对许多伦理学把"至善"归诸上帝神明，归诸先验理性，归诸"自然目的"，反对把"善"看作是个人直观或"不可定义"。这是人类学历史本体论哲学题中应有之义。同时也可说是中国传统"道始于情""礼生于情"的承续和发扬。《易传》说"一阴一阳之谓道，继之者善也"，在情感上极大地肯定天地和人类生存延续这个物质性的存在活动，这就是上面已讲过中国传统的"有情宇宙观"（参看拙作《中国古代思想史论》1985，《哲学探寻录》1994）。重要的是，这里确有一个"善"的观念与"神"关系问题。人们常常把作为道德的"善"（moral good）总看作是超越和优先于现实社会生活的某种精神、心灵、理念实即与"神"相关，即道德必须有"神"的支持，才对人有绝对的力量，而不大认同"善"即在、也来自生活本身。Sandel讲的"共同善"便总是隐隐约约、或明或暗地闪现着基督教的宗教道德的影子。他所推崇的"共和主义的美德"便有基督教背景，他之所以要以公民美德的自由来替代自由主义的双方自愿的自由，也如此。不如此似乎就缺少了绝对性。西方许多学理的根底总有神的影子，总认为只有超人类的神才有真正的确定性和绝对性。包括Kant的"纯粹理性"也是超人类的，因为人类世界的一切规范、约定、律则都是变迁的、相对的从而是不可靠的。这些学理没有重视人类经过百万年经验、历史和教育所积淀出的确定性和绝对性。从人类学历史本体论来看，既然"至善"是人类的生存延续,道德作为本体价值便无需与神意、天命或上帝相关,也有其绝对性。这大概就是我的"形而上学"。我以"人类的生存延续"来填补"上帝死了"留下的空虚。

问:以人类生存延续为"至善"是否会扼杀个体?

答:这问题很重要,但我前面已说过了。九十年代我说,以前常常是"个体为整体而存在",现在例如在战争中,也仍然是"个体为整体而存在"。但在一般日常生活中,却该改变了。特别在理论上不能抛开个体来谈社会。自由主义的主要历史贡献也就在这里。所以我在提出"至善"观念时便着重指出要特别警惕各种以国家、民族、宗教、阶级、主义也包括以"人类"的名义来打压、扼杀、迫害个体的理论。上面也说了,自由主义比功利主义(最大多数的最大幸福)大进了一步,亦此意也。

问:Sandel 多次讨论了同性婚恋。照你刚才所说,同性婚恋也不能以"人类生存延续"的"至善"而加以反对?

答:美国反同性恋、反同性婚就是以男女才能结婚的宗教教义(神的命令)为依据。同性婚恋有其个体基因的生理原因,对人类来说毕竟是极少数,无伤生存延续的人类大局。所以不应反对。

问：你这还是功利主义，不是自由主义维护个人权益而无需顾及"大局"。

答：不对，二者都是。"大局"有时也仍需"顾及"。所以我说功利主义和所谓"统一"的欲望主题在某种特定情境比自由主义的主张更正确，但也只在特定情境下。

问：Sandel 说按照自由主义，自己身体自己作主，同性婚、群婚、不婚、多夫多妻均无不可。

答：我以为这仍是一种抽象思维。婚姻形态随社会、时代、文化、传统而不同，群婚（远古社会）、一夫一妻（基督教）、一夫四妻（伊斯兰）、妻妾制（中国传统）、一妻多夫（某些少数民族，如"走婚"）都有其经济的宗教的文化传统的原因，其是非曲直不是一个抽象的自我作主原则所能判定。

问：那么未来呢？现在流行同居而不结婚。

答：不知道。很可能多种形态并存。我说过从 Plato、Engels 到康有为、毛泽东都有"废家"的学说和思想，主张儿童"公养""公教"，但我怀疑。尽管未来性爱形态可能更开放、更复杂和更多样，但亲子情特别是母爱有动物本能的强大基础，虽然当今也有不要小孩的女人（Childfree），但毕竟很少。所以抚育儿童的最佳方式的家庭单位未必能够和需要废除。亲子不只是理性而更是一种情感关系，先救溺水的自己小孩不是由于理性的义务，如Sandel所说，而是情感。情感起了巨大的作用，它甚至不是道德行为而是生物本能。

问：如何看基因工程？Sandel对此有专书讨论。

答：许多人反对基因工程，认为胚胎细胞也是人的生命，从而不应违反"自然本性"人工复制。如反坠胎一样，这是一种宗教性道德。但实际却在阻碍当代生命科技的重要发展。在中国就少有这种问题，例如没有反坠胎运动。今日世界其实便是自然人化的成果。包括粮食、果木、猪羊、犬马也都是人工培植、驯化的产物，并未违反什么"自然本性"。庄子早就反对骑马驭牛，因为违反了自然本性，但没有这些，哪来的人类文明？没有今天的高科技，哪来现代人的生活和寿命？这正是历史本体论强调的制造——使用工具并以为第一本体的原因。现代科技会带来某些祸害甚至灾难，但人最终总能将其克服，历史已有证明。"雾伦敦"和泰晤士河（均由浊变清）便是例子。今日中国的大气污染也将如此。对基因工程也应作如此观。工具本体、科学技术始终是"人类生存延续"的基础和动力，今天它们的确可以毁灭整个人类，因之不断拉警报敲警钟有好处。但也仅如此而已。Sandel的观点也如此，他毕竟还承认基因研究有益于医疗。

《三字经》与公民课

问:当然这又涉及今天应以何种伦理规范(是传统的宗教性道德还是现代社会性道德)来进行教育的问题了。

答:仍然以"现代社会性道德"(公德)为主。这里再抄一段老话:

> 问:公民课比《三字经》重要?
> 答:对。正如比念《可兰经》《圣经》重要一样。公民课是灌输现代社会所必须遵循的行为规范、伦理秩序及其理由,培育孩子从小便讲理性、守秩序、护公物、明权界、别公私,以及具有自由、平等、独立、人权等等观念。然后再加上《三字经》等传统典籍宣讲的孝亲敬师、长幼有序、勤奋好学、尊老扶幼、阅读历史、重视经验等等,使二者交融汇合,情理和谐。二者不免有差异或冲突,其中一部分可以作出新解释,例如传统大讲君臣,在现代可以转换地改变为上级发号施令,下级服从执行,但双方的人格和人身却是独立、平等和自由的,上级可以"炒鱿鱼",下级也可以"拂袖而去"。这是以现代社会性道德为基础,却也符合原典儒学"君臣以义合"、"君使臣以礼,臣事君以忠"的"教义",而不是后世专制政体下"君不君,臣不可以不臣"的绝对服从和无条件侍奉和依附。其中有些是不可调和的,

那就应明辨是非,以符合现代生活为准。(《中国哲学如何登场》2012,第151页)

遵循"公德"、宣扬"公德"、为"公德"而献身,是今天中国人最需要的。在这基础上,个人仍可自由地选择自己作为安身立命、终极关怀、心灵安息的各种宗教性信仰作为私德,将佛教、基督教、伊斯兰教以及儒学的普渡众生、拯救灵魂、仁民爱物以及共产主义作为人生意义、生活价值,而毕生追求,均无不可。

问:公民课似乎只讲理性原则,没有情感、信仰的味道呀?

答:不然。你排队时有人插队,你不也情不自禁起反感吗?你有急事不得已而插队,不也会有歉疚感吗?"公德"(现代社会性道德)也需要情感助力来维持。今天中国最惹人痛恨的正是特权对这种程序正义的干扰、破坏和超越,以特有身份、地位、关系而不排队、闯红灯、占官位、赚大钱……等等。Sandel所列被别人概括出来"具有保守主义特征"的"共和主义公民美德"共23项("对婚姻的忠贞、经济独立、诚实、节俭、勤奋、礼仪的简洁、自我控制、纪律、节制、稳健、自制、羞耻心、服从和尊重权威、秩序、对宗教的虔诚、尊重传统、果断、勇气、抱负、热爱荣誉、爱国主义以及对公共善的热情",《民主的不满》中译本第42页),

其中好些均属于"公德",即现代社会性道德。与古希腊一样,其中也未如中国传统突出"仁爱"。

价值中立

问:这里要重复提出一个问题,自由主义所主张的"价值中立"(即"中立性",下同)、"个人权利"、"社会契约"、"自由平等"等等"正义",是否也是一种道德原则?Sandel认为Rawls要求它们与任何宗教、传统、形而上学脱钩,乃是一种"非道德的政治"。Sandel强调,Rawls的"重叠共识"、价值中立不能作为人的生活目标,强调应有更高的价值指向和道德精神来指引政治,并将市场对道德的侵害归结于"价值中立"。这几乎是Sandel全书的主旨之一。但你是非常赞成Rawls的"脱钩论"的。你说这就是你讲的"现代社会性道德",这道德无需与任何宗教、主义、传统、意识形态、形而上学相联接,它以现代经济生活为根基,如你上面所说。

答:所以我反对Sandel的批评。我以为Sandel没有重视发达国家的过往历史和发展中国家首先需要从中世纪脱身出来的现实。Sandel谈到美国开国先贤,反对工业制造业,主张农业共和国,以拯救道德。结果却是两百年后美国成了世界上最大的工业制造国,经济发展并不以先贤们的道德意识为转移。Sandel谈论当年美国拥奴论者主张奴隶制比雇佣制要优越的论辩失败也只从道德着眼，实际上经济力量才成为后者最终胜利的根本原因。凡此等等。Sandel 和社群主义反对自由主义表面上有类于 Hegel 反 Kant，以现实的社群反对独立而隔绝的抽象"自我"（个体）。但遗憾的是，他们缺乏 Hegel 那种具体共相的历史感，特别是他们完全漠视了 Hegel 到 Marx 这个重要的洗礼，没正视自由主义是历史地立足于现代经济生活这一根基之上，从而他所反对的自由主义的个人自由、价值中立等等，恰恰是这些国家为从传统社会的经济政治形态（如原始部族制、奴隶制、农奴制和各种宗教的、文化的专制特权）脱身出来而迫切需要的。这些"价值中立"、"权利优先"、"个人自由"就是这些国家或地区为脱身中世纪所特需的"共同善"和"美德伦理"。现在就是要确认和确保这种伦理，因为连形式上的法治、连形式上的自由平等人权民主都没有，为之奋斗本身就是一种美德和善。没有法治，特权横行，践踏人民，蹂躏个体，"我们开会就是法律"，"法律会捆绑我们的手脚"，"要人治不要法治"，等等，便不止一位最高领导人明确说过，言犹在耳，遗风未绝。文革中的"群众法庭"、公检法合一、毫无法律程序，便处死"罪犯"…，更是如此。所以二十多年来我一直强调法治而几乎没谈民主，1995 年我提出"四顺序"论，也把政治民主排在最后（曾引起各种猛烈抨击）。因为中国既不可能有像 Sandel 主张的全民积极参与的古希腊式的民主，也完全不适宜于一人一票、多党竞争、直选总统的现代自由主义的民主，它们都可以走向不同形式的专制暴政。每个公民有权参与政治，但以何种方式在何种程度和等级上参与，并无既定模式可以搬用，只能在现有情况下逐步改良，以积累经验，走出一条自己的路。

总而言之，我认为上述那些"个人权利"、"价值中立"等等"正义"原则正是现代法治的道德内涵。这些"正义"原则实际上或者说它们之所以能在现实生活发生作用，并非来自观念或理论，不是来自 John Mill、Kant、Rawls 或者 Marx，而是来自现代人们的经济生活，它们也就是保证现代生活而具有良好性能的道德的"善"。在这里，"对"（the right）也就是"善"（the good），"自由"（freedom）并不与"德性"（virtue）相对立，自由本身就是德性（"公德"），也即是当今的"共同善"（common good）和"好生活"（good life）的组成部分，成为人们不仅在政经体制上，而且在个人行为中所应遵循的道德原则。虽然发达国家的人们也许视它们为理所当然的政治常规和行为准则，似无何道德可言。但就某些地区某些国家的人们来说，却是他（她）们为之奋力以求甚至乃"终极关怀""安身立命"之所在。包括为 Sandel 所严厉批评的"价值中立"本身就如此。它是与传统价值观念绝对主宰人们生活造成巨大灾难中所得来不易的道德原则。它是从各种政教合一体制中脱身出来的重要手段。人们可以有不信任何宗教包括儒学教义的自由，要求"价值中立"，追求"中立性"今日看来平常，当年却极为困难。像今天伊斯兰女权主义者的奋斗就不亚于殉身赴难的宗教信徒。Sandel 说"价值中立"会导致原教旨主义泛滥，那两德合一的价值不中立不更如此吗?塔利班的价值绝对不中立,连古佛巨像也必须炸毁。所以今天这个"对即善"(现代社会性道德)确乎与原传统的宗教信仰、文化、风习、道德可以无关,是非常有道理的。还正因为原有的那些信仰、风习、道德扼杀、压制、束缚,也才使得争取自由、平等、人权、民主不断成为依次传递的时代强音。它通过经济生活的全球一体化而日益彰显。以 Sandel 所提问题和所举事例,可以看出,美国造成弊病的"价值中立"、"程序正义",在好些地方都还是可望而不可及的追求目标。这恰恰是由于一个是已经具有现代化社会生活的国家,一个尚未。后者严重而普遍地缺乏程序观念、中立立场,各种传统和革命的风习、观念、体制、理论在不断侵犯、束缚、干扰着个体的自由和权利,从法院到学院,从社会到个体,从实践到思想。因此,注意到在发达国家中的自由主义带来的各种祸害和弊病,我同意和肯定 Sandel 突出市场对道德的损伤,但不能赞同"善优先于权利"以及某些人所主张的《圣经》《古兰经》《三字经》优先于公民课的论断。中国传统讲究"以德(教)化民",汉代有儒吏,追求"敦风俗,厚民心",当时两德合一,今天我们却必须在理论上首先区分两德,然后讲"范导与适当构建",强调"以法治国"和在这基础上的"以德(教)化民",而不能"以德治国"。这一点其实我以前已经多次讲过了,这里愿再啰嗦一遍。

问:你对社群主义如 Sandel 到底如何看?

答：第一，与十多年前一样，我不赞同社群主义和Sandel，总体说来即便在美国，社群主义也不可能取代自由主义，只能作它的某种解毒剂而已。我所讲的"现代社会性道德"大体相当于自由主义，除自由、平等、独立、人权、民主外，诸如宽容、妥协、合作、相互尊重、机会均等、价值中立等等也在内，都是以现代社会的公共理性为基础。我认为应该承认它们也是道德，并把它们与任何以充满特定情感信仰为特色、追求某种"善"的宗教性道德区分开来。Sandel等社群主义却批判自由主义，不把它们看作是道德。

第二，我同时重视宗教性道德对现代社会性道德的范导和适当构建，主张从中国传统的"情理结构"等等来修正公共理性的自由主义，而不像自由主义那样固守和夸大形式正义、程序正义，突出"原子个人"，强调绝对的自由选择和决定。"两德论"容许一定情况下"实质正义"的渗入，这渗入也就是"范导和适当构建"，它由"历史"、"情境"、"关系"、"情理结构"、"度"、"权"等范畴来掌握。

所以概括起来，以"美德"而不是以"功利"、"自由选择与决定"和"市场"来引领社会，我与Sandel在这一点上并无分歧。但有如一开头所说，中美有社会发展时段的不同，又有文化传统的不同，从而也就有上述如何看待市场、道德，什么是美德伦理，是Aristotle、基督教还是中国传统的美德伦理，特别是承认还是否认"两种道德"（其中便包括是政府强加还是个人选择宗教性道德）等等的不同。

问：Sandel 多次讲到坠胎问题，你如何看？

答：许多宗教都反对坠胎。包括儒学也有"不孝有三，无后为大"，从而可妻妾成群，以续"香火"。但现代社会性道德既以个人为主体，生育或坠胎便属于妇女的基本权益，便应明确否认宗教所主张胎儿即婴儿的教义，而非不置可否的"价值中立"。这便不是形式正义，而渗入"实质"了。

问：不反对坠胎不与你讲的"人类生存延续"相矛盾吗？如你刚才所讲"续香火"。各宗教教义倒与之相符合。

答："人类生存延续"也是具有历史性的，不是先于经验的不变教条。古代人寿命短，婴儿死亡率奇高，反坠胎有其当时的现实原因和正当理由。今天情况完全不同，坠胎与"人类生存延续"已无关系。

问：人到底有否自杀的个人权利？

答："原子个人"和许多自由主义认为人有权处置属于自己的身体，因此有自杀的权利。Sandel 指出，根据 Kant "人是目的"，人不能把自己的身体作为物件对待，所以不能自杀。但 Kant 和 Sandel 都没充分解释人何以是目的，把它当作先验自明的普遍真理。Kant 不认为人完全属于自己。但 Sandel 强调 Kant 把自杀完全等同于谋杀，我以为是不妥的。从"关系主义"的儒学看，人是"关系"的存在，人被抚养成人便有对"关系"以及对"类"（人类）的义务或责任。人并不完全属于自己。"身体发肤，受之父母，不敢损伤"（《孝经》），连损伤都不允许，何况自杀？我经常说，那些年轻的自杀者应在绝命前想想自己是如何长大的？对得起自己的父母否？但这又不排除在特定情况下允许自杀，如前面举出的历史事例，也如安乐死、医生辅助病人自愿早日摆脱身心痛苦的自杀，等等。我认为是可以的。这仍然只能是"关系主义""情本体"对个人主义的"我的身体我做主"的范导和适当构建，而不能管控和决定，也不是宗教教义（不许自杀）和自由主义（允许自杀）的绝对律令所能抽象规定。Sandel 也承认这是同情压倒了人必须生存的义务。义务也有各种不同的类别和层次，作为公民的义务与作为信徒的义务、对亲友和对人类的义务等等，便大不相同而不能等同对待或处理。

问：那么人（个体）何以是目的呢？

答：因为人类总体是由个体的人所组成的，从而个体的充分发展应该是这个整体在历史进程中所期望和奋力争取的最终目的，即"每个人自由发展是一切人自由发展的条件"（《共产党宣言》）。

权利优先于善

问:看来,与 Sandel 不同,你并不认为"权利优先于善"的"权利"与"善"毫无关联或独立于"善"。Sandel 对"权利优先于善"多有批评,请再总括一下你的回应。

答:第一,"权利优先于善",历史本体论哲学的解释是,它是一种历史产物,既非来自超验主体自我(Kant),也非"无知之幕"的设定推论(Rawls),而是人类生存延续到近现代以大工业商品生产、劳动力自由买卖、等价交换、市场经济的社会生活所要求、所确认、所践行的普遍规则,其中突出了自由选择和决定的个人权利。

第二,尽管今天的"对"也就是"善"(公德),我却突出地把"对"与"善"(私德)区分开来(见《历史本体论》),是因为"对"在许多地区或国家与现有的宗教、传统、文化以及意识形态中的"善"并不相同,而且时常有严重分歧和冲突。"对"是现代社会生活所应遵循的公共理性,从而对许多宗教、主义的理性或非理性的情感信仰的"善"只能保持不作评论的距离态度才是最佳选择,这也就是"价值中立"的缘由和理由。Sandel 也承认他并不认为"权利"必须依附于任何社群传统或现存的"善"。

第三,但是,在现实生活中,这种突出个人权利的"善"("对"),又仍然很难与传统的或现存的这种或那种宗教、主义、意识形态的"善"完全脱钩,实际上,"价值中立"

很难完全实现。正如Sandel所说,那些主张堕胎乃女性人权、与宗教信仰无关的人,实际上仍然是采取了反天主教的宗教立场,那些突出个人权利和自由选择的右派自由主义者也不同意自由买卖儿童或选票。各种理性或非理性的宗教、主义、意识形态等信仰情感仍然会直接间接地渗入、干预和作用于这个"权利优先于善"的公共理性、形式正义、程序正义和价值中立而引起各种不同的斗争、议论甚至严重冲突,如上述在美国的坠胎、同性恋、安乐死等等。Rawls"重叠共识"脱钩论之所以是非常重要的"理想性"理论,也正是它想避免"权利"陷入各种"善"的严重纷争和剧烈冲突中。如伊斯兰与基督教,也可包括当年天主教与新教,今日伊斯兰的逊尼与什叶……随着全球经济一体化,个人自由、人权平等的公共理性将不断扩展,追求一个各宗教各民族各文化各传统均能接受的"重叠共识"的现代政治生活原则而倡导"价值中立"(中立性),是非常中肯和重要的。至于Sandel列举"价值中立"造成的种种弊病,可以依据各个具体情境作出"合情合理"的判断和解决。

第四,与《政治自由主义》一书同年,我在《哲学探寻录》(1994)中提出宗教性道德("善"、情感、信仰)和现代社会性道德("对"、公共理性),其后强调首先区分而后"范导和适当构建",亦即渗入、干预和作用但不能"决定",也是针对同一问题,认为许多事情常常有利就有弊、有得就有失,这无可避免。而关键在"度",即随各种不同具体"情境"而有不同的对待处理。Rawls的"脱钩论"

是消极的"避开"(the method of avoidance),我的"范导论"是积极的"限定"。其不同点是,"重叠共识"如何可能,Rawls没说,我以为是由于人们共同生活在现代经济秩序中。其共同点是"权利优先于善"。Rawls要求与"善"脱钩,我的"首先区分"相同于他的"脱钩","首先区分"与Rawls一样,也就是要避开十几年前争论得很激烈的所谓传统与现代化的矛盾冲突,先不判断传统道德是非对错。但我又认为并不可能完全脱钩,从而着重区分之后再仔细研究分析传统道德的基础上去伪存真,取其精华、去其糟粕,来力求"范导和适应构建",但不能"决定",即不能"构建"到"决定"或取代"权利"的地步或程度。这是为了避免现代个人权利重新屈从、臣服于传统的"善",个人重新从属、奴役于某种"集体"之下。如何具体把握?难矣哉。所以我称之为"政治艺术"。上面提到同一集会游行,何者应允,何者应拒?同样,宗教信仰自由是否信仰害人的邪教也自由?如何区分正邪?搞"福利",何种程度的"福利"还是应反"福利"?自愿兵役还是义务兵役?新闻自由,色情新闻也自由?如此等等。如何衡量利弊得失?如何能使"形式正义"与"实质正义"在冲突中取得妥协或调和?常常差之毫厘,失以千里。如何掌握分寸,过犹不及,真是"增之一分则太长,减之一分则太短",这种"政治艺术"只有在各种具体情境中去把握、去经验、去创造,远非一个书斋的先验原则或理论设定所能直接解决。而且,这里要重复强调,任何"范导和适当构建"、任何"实质正义"对"形式正义"的渗入、干预、作用，都一定建立在"首先区分"两德（对与善）的基础之上。在中国，当前首先的是建立"公德"，建立自由、平等、人权、民主的政治生活，脱开过去各种传统和意识形态，正如"去政治化的政治"是为了从"泛政治化的政治"（"政治挂帅"）、"泛道德化的政治"（"斗私批修"、"狠斗私字一闪念"）中解脱（free from）一样，"权利优先于善"也如此。法治比人治、有程序比无程序、公民课比《三字经》更是今天"好生活"的保障。问题只在于，如何能有"人情"来缓冲机械性的公共理性、形式正义和市场经济、等价交换、原子个人所带来的情感缺失和人际冷漠。陈寅恪想以"三纲六纪"、梁漱溟想以"关系伦理"在社会秩序、生活规范和政治体制上来抗阻以现代经济生活为基础的个人主义、自由主义、公共理性等等，尽管仍有年轻学人在理论上极力维护，在现实生活中却是不可能的了。但是，"三纲六纪""关系伦理"在情感上，在"范导和适当构建"上，却仍有可为。它们在防阻贫富分化日形扩大、阶层固定社会隔离等方面仍大有裨益。这也正是一开头要讲"情理"和"道始于情"的缘由。前面讲到当公德与私德、遵守契约原则和维护朋友情谊冲突时，如何能在契约原则下妥协修补、抹稀泥、找中间人作和事佬、相互让一步而双赢，当然不得已时又仍得上法庭，正如个人婚恋是独立自主的，不能以传统"关系主义"的"父母之命、媒妁之言"来决定，但也可以或应该征询父母的意见，仍然是以公德为基础。

问：你这"范导与适当构建"又不"决定"的"限定论"总还有些原则性观点可讲吧？

答：这原则其实也就是我的哲学伦理学的原则，它就是"历史性"、"理想性"和"情感性"。"历史性"是指：第一，历史有情境性，即时代、社会的时空具体性，从而一切伦理道德均由具体历史情境决定。明确现代社会性道德并非先验原理而是历史产物，第二，历史有演进性，就人类总体说，随着物质生活的进步，伦理道德也在进步。第三，历史有积累性。即前面所讲，经由历史和教育，人类积淀出某些共同的善恶观念和好恶情感，从而可以逐渐拥有某些（也只是某些）共同的伦理准则和道德标准。这历史性三要点说明，一方面承认相对伦理，另一方面又不赞成将此"相对"神圣化和固定化，明确反对伦理相对主义，更反对情境主义（Situationism）。"理想性"主要指应估量作为范例对未来的得失利弊。我不赞成自由主义以资本主义为最终目标的历史终结说，而认为可以有一个并无道路设计却有远景想象的社会理想。如中国传统著名的《礼运·大同》，以及虽有严重缺失却不乏想象而并不求兑现的近代康有为的《大同书》。不设计理想社会却有社会理想。"情感性"前面已讲了很多，不必再说，"关系主义"在现代也主要是一种情感性。可以从这三个方面来考虑宗教性道德如何范导和适当构建现代社会性道德，以实现"新一轮儒法互用"。当然具体问题极为复杂，"适当构建"与"决定"之间也仍有相当宽阔的模糊地带，有如前面引莫言说的"善恶观念在个人心灵中模糊地带"一样。这就更要靠积累现实经验以提出各种不同的划线原因和理由，使之逐渐形成规则。这里得依靠经验论，而非先验论。因为"度"只有在实践中才能把握，它是特殊性，而不是抽象原则的一般。这里是从特殊到一般而不是相反。Sandel说，何种政治话语能导向他那"好生活"，他不能充分回答。我这"两德论"和"和谐高于正义"可能比他那《正义》一书最后归结的几点，似更抽象实更具体，更有普适的一般性。

内圣外王之道

问：重复一下"范导"而不"决定"是什么意思？

答：即不能在根本上损害个体"权利"。在现时代，个体生存是整体生存的基础。个人权利不容侵犯这一点，反对自由主义的Sandel也承认。但这很不容易，它仍将是一个相当长的历史过程。"马克思说：'每个人的自由发展是一切人的自由发展的条件'（《共产党宣言》）；另方面说：'个性的比较高级的发展，只有牺牲个人的历史进程来取得，……种族的利益总是要靠牺牲个体的利益来为自己开辟道路的'（《剩余价值论》）。康德说，历史'使人类物种的全部原始禀赋都将得到充分发展的普遍公民状态'，另方面指出这一目的是经过'非社会的社会性'、'对抗'、'冲突'、'战争'、'虚荣心'、'贪婪心'、'权力欲',当然也包括牺牲(小我)才能实现,这是一个漫长的历史过程。在这一点上,康德、黑格尔、马克思是一致的,只是黑格尔、马克思把它作为一种铁定的客观规律(所谓'逻辑与历史的一致'),康德则视之为鼓舞人心却并非科学认识的目的论理念。比较起来,我认为康德更准确"(《批判》第六版附录)。

问:前面讲"和谐高于正义",现在又说"权利优先于善",岂不矛盾?

答:这问题在《伦理学纲要》中已回答。"优先"与"高于"并无矛盾。"权利优先于善"是现代生活的基础,"和谐高于正义"是对这一生活的范导和适当构建,两者有时会有严重差异甚至发生冲突。如何协调和磨合,既需要优美的政治艺术,更需要艰难的历史过程。我所赞成的自由主义(整体为个体存在、个人权利优先)只是我的历史主义(历史发展到一定时期或阶段的要求或产物)的呈现。自由主义从属于历史主义,历史并未终结于资本社会和自由主义。既要强调正义,又以"有情宇宙观"的"和谐高于正义"作范导,以走向一个更为理想的未来,这就超越了自由主义。

问:看来你还是十多年前《历史本体论》的观点。

答：对，我很少变化。在《历史本体论》强调了"两德"的区分，提出"范导和适当构建"的观点。在社会性道德方面肯定从 Kant 到 Rawls 的"正义论"，认同现代商品生产、平等交换、劳动力自由买卖基础上而必然生发出的个体主义、契约原则。这也就是现代的"外王"。但在中国"情本体"即"天地国亲师"的宗教性道德传统范导下，可以走出一条不同于西方理性至上的中国之路。《论语今读》说：

> "天地国亲师"便可以成为中国人对宇宙自然、家园乡土、父母夫妻、兄弟朋友、师长同学以及文化传统的某种道德和超道德的情感认同和精神皈依。
>
> 宗教性道德（"内圣"）可以经由转化性的创造，而成为个体对生活意义和人生境界的追求，它可以是宗教、哲学、诗、艺术。社会性道德（"外王"）可以经由转化性创造，而成为现代政治体系的中国形式：将重视人际和谐、群体关系、社会理想以及情理统一、教育感化、协商解决等特色，融入现代政治的民主体制构建中，而开辟某种独创性的未来途路。

这也就是"和谐高于正义"之路。不是"和谐"代替"正义"，而是和谐"范导"正义，它即也是"西体中用"的"新内圣外王之道"。

问：你说的"新内圣外王之道"是否也就是上面说的

两个"情"(个体的"情"与群体的"情")之间的"循环无端,道通为一"?个体情欲的理性培育与构建群体的和谐关系之间的相互作用。

答:也可以这么说。"新内圣外王之道"与我强调教育、强调培育人性,提出培育人性来开展未来人文相关,与我强调脑科学相关。中国伦理学传统本来就非常重视个体的修养,从原典到宋明,从孔孟到宋明儒无不强调"修身",荀子也强调"修身":"请问为国?曰:闻修身,未尝闻为国也"(《荀子·君道》)。它本是对统治者君王的要求,出自远古巫史传统("巫君"="圣王"),后来成为宗教、伦理、政治三合一的"礼教"对士大夫的要求。但君王个人的"内圣"始终开不出"外王",这个"情本体"只能渗透和托附在阴阳五行框架下,以"仁,天心也"(董仲舒),将宇宙情感化来"引儒入法,礼法交融"而维系了中国政教体制两千年。今天所需要的"新内圣外王"亦即新"儒法互用",也即是将"情本体"渗透到法治宪政、自由民主的现代体制中,不仅外在方面重视在个体权益基础上的群体和谐、人际温暖,而且内在方面强调培育人性情感。我在上世纪九十年代初写过一篇短文《世纪新梦》,说二十世纪人们在做社会乌托邦之梦,下个世纪(即二十一世纪)是否可以做人性之梦呢?我也说过,"历史终结日,教育开展时",所以九十年代初《论语今读》提出,今日又再次强调"情理结构",都是为了追求如何建立健康完满的人性,来使社会体制更为和谐,使个体的情欲得到较好的培育，不纵欲（如奢侈），不禁欲，重情意，贵修身，忠以律己、恕以待人，就会使人际关系得到更好的和睦协同、苦乐与共，从而使整个社会情境改善提升，使产生于这个情境中的礼法和观念也不断前行，这才有社会的"好生活"和人间的"共同善"。这个"新内圣外王之道"，也就是中国美德伦理之路。美德伦理涉及我讲过的"处事"（What to do）与"做人"（How to be）的问题。功利主义"最大多数最大幸福"、自由主义"自己选择与决定"、Kant 的"绝对律令"、Rawls 的"原初约定"主要都是关于如 Sandel《正义》一书副标题"What is the right thing to do"所揭示的"处事"，而并未着重讲"做人"即"What sort of person to be"。西方当今涌现对 Aristotle 和其他"美德伦理"的呼唤，也可说正是对上述理论学说和今天市场主宰一切使物欲横流的不满。从而，中国传统如及时作出某种转换性创造，便有可能使这个"内圣外王之道"取得普适性的一般意义。当然仍得由现实生活作出榜样，这就与当前距离太大了。真是任重道远，前景茫茫。

孔夫子加 Kant

问：有一篇《华夏美学》（英译本）海外书评说，"李泽厚展望给人启发，让人鼓舞。如果'世界哲学'终有可能实现，很大程度上将归功于孔夫子和康德"。《中华读书报》的编者发表此译文时，着重加上了"孔夫子与康德对话"的标题。你如何看?

答:这是国外书评者的概括,《华夏美学》一书并未直接说出,但包含有这层意思。我的"两种道德论"以及今天的谈话,不就是孔夫子加 Kant 吗?强调个体权利的现代社会性道德与 Kant 相关,强调"情理结构"的宗教性道德来自孔夫子。毛是 Marx 加秦始皇,我是 Kant 加孔夫子。都是不同时期的马克思主义中国化。

问:如何讲?

答:毛另文已说,此处不赘(参见《再谈马克思主义在中国》第一部分)。关于后者,前面讲荀子和"吃饭哲学"时曾说,"这就是我的唯物论和唯物史观"。这里可以强调指出,这个唯物史观是去除了"阶级斗争"和"先验幻相"的"Kant 的唯物史观"("Kant's Historical Materialism"),即所谓"开端的马克思主义"(参见前面"不能倒过来"一节)。这实质上是以孔子—荀子—《礼记》的中国传统将两百年来贴在 Kant 哲学上的二元论的标签转换为唯物论,同时这也正是马克思主义在今天的中国化,即以人文(如高科技生产力)为基础、以人性(如结合脑科学探求的情理结构)为范导所引领的"内圣外王之道"。中国传统通过融合 Kant 这个最大的理性主义者,包容、吸收、消化从而走出马克思的唯物史观和承续启蒙理性的马克思主义。不止于启蒙理性、

Kant和现代社会性道德,而是加上情理结构、儒学宗教性道德即孔夫子的"范导和适当构建",才能有更理想的"共同善"和"好生活"。所以,"孔夫子加Kant"是个重要而深刻的概括,外国书评者和中国编辑如此独具慧眼,颇为佩服。

问:牟宗三也讲孔夫子加Kant,与你有何不同?

答:牟纯从心性论讲Kant,大讲"内在超越"、"智的直觉"以及神秘经验,完全不符合Kant。对此我已多次评论,可参阅《说儒学四期》等文,这里不想重复。上面已讲,我讲的Kant是经过Hegel和Marx的历史过程和物质生活(工具本体)洗礼之后的Kant。因之与许多讲Kant的人,既包括Rawls,也包括牟宗三,都大不相同。

问:快到结尾了,如何再简单概括一下,你对自由主义和社群主义如何看。

答:这些"主义"都非常复杂,远远不是我、更不是这篇答问所能充分讨论和作出概括。社群主义前面已经讲过了。Sandel在这两本书里提出了"市场社会"的严重问题,我认为很好。虽然中国市场作用还不够发达,但由于没有西方强大的宗教信仰作依托,道德更容易被市场迅速损伤,更要及早指出中国不能走"市场万能"、"市场就是共同善"之路。Sandel所提问题是值得参考和深思的。但Sandel和社群主义的基本理论,我不能同意和接受,因为这容易导致倒退,重新回到各种传统、风习、主义、意识形态的主宰控制下,心安理得、心甘情愿地作驯服工具和螺丝钉,并以之为"道德"和"贡献"。相反,自由主义如 Rawls 的"差异原则"、"重叠共识"、"权利优先于善"倒是中国当前需要而可以接受的,但又要避免被庞大理性的经济机器政治机器所压倒。这只有通过中国"道始于情"、"关系主义"而予以修正,亦即"范导和适当构建"。至于 Sandel 提出政治是目的还是手段,是每个人应该积极参与还是不必,也即是"积极自由"还是"消极自由"以及政府是必要的恶还是应该引领的善等等重要问题,Sandel 举了许多事例,却没有也不能作出回答。它们需要专门研究。大体说来恐并无一定之规,仍得从具体情境来考虑。总起来说,我同意那位书评者的看法,我追求的世界哲学是孔夫子加 Kant,在根本理论上既不赞同社群主义,也不赞同自由主义。

问:现在流行的新左派、社群主义、新保守主义包括 Leo Strauss 和 Carl Schmitt 等人,可说都在反 Kant,都似乎在追寻某种"神"的律令、传统来重新主宰人间,以拯救世界。所以反启蒙、反理性、反人间契约。但如你所说,中国传统恰恰是"以人为本",而不是以"神"为本,是"太初有为"而非"太初有言",是"乐感文化"而非"罪感文化",是"实用理性"而非"先验理性",是"道始于情"而非"道始于神"。从而它通过"经验变先验,历史建理性,心理成本体"不但可与 Kant 沟通接头，而且也可包容以个人主体、契约原则、公共理性等社会性道德，而加以"情本体"和"关系主义"的范导，以"情理结构"替代理性至上，走出一条具有普适性的"新内圣外王之道"的现代新路。

答：是。我说过 Kant 是追求"由神到人"，现在的潮流是追求"由人到神"。不管这股潮流如何波澜壮阔、眩人耳目，中国学者们也趋之若鹜，我却愿引毛泽东的话，要敢于反潮流。中国某些年轻学人似有三"原病"，民族、民粹、神秘，穿上洋衣裳更难改易，局面不佳。

问：你讲中国传统，也讲西方传统，后者在你过去的论著中，比较看重 Locke、Tocqueville，当然主要是 Kant，而怀疑和反对激进的思想家们。你敢一再批评 Nietzsche，这在当下中国少有。

答：我抄一段不久前说的话：

> 我认为有必要梳理一下以下几位理论家：
> 一是卢梭。他讲公意，这就造成了后来的人民民主专政。
> 二是马克思。讲阶级斗争是历史发展的动力，但一个社会主要是靠阶级和谐、妥协才能生存下去，靠天天斗是不行的。马克思、恩格斯本人都承认，奴隶社会

比原始社会要残酷得多，但这是历史的进步。所以我一直强调伦理主义与历史主义二律背反的问题。什么时候伦理主义占上风，什么时候历史主义占上风，值得深入探讨，但把阶级斗争作为历史发展的动力是错误的。我承认，现在也有阶级矛盾，富士康那么多人跳楼不是阶级矛盾是什么？但从大的理论来看，应强调阶级的和谐、妥协。庄子反对一切文明的异化，连用机械都不行，"有机事者必有机心"，那人干脆回到动物世界去最好了。人是从动物进化来的，动物为什么会进化成人？我认为，人类是自己把自己创造出来的。

马克思在《资本论》里讲"劳动的两重性"。在他的理论里，抽象劳动引导出社会必要劳动时间，由社会必要劳动时间引导出按劳分配，然后到按需分配。这是有逻辑可能性的，但没有经验基础。按 Kant 的说法，先验幻相是不能成立的。先验幻相好像宗教一样，能够鼓舞人心，能够起一种积极作用，十字军东征不就是打着上帝的旗帜吗？圣战不也是打着真主的旗帜吗？

三是尼采。虽然现在各种左派都把尼采奉为圣人了，讲半句坏话都不行，但我对尼采不感冒。他导致的就是纳粹，蔑视群氓，那是赤裸裸的，所以希特勒也是赤裸裸的，就我这个种族行，其他种族都不行，犹太人是最坏的。如今有人张口闭口就是海德格尔（Heidegger）、卡尔·施密特（Carl Schmitt），这些人都是尼采右派，都是走向法西斯主义的，施密特不是讲上帝跟魔鬼的永恒斗争吗？尼采左派是福柯（Foucault），德勒兹（Deleuze），走向无政府主义。这都是尼采种下的恶果。

（《中国企业家》2012/20）

这记录很不准确、很不全面，我并不满意，但大致意思还不差，就不作改动了。

IV

馀 论

儒教

问：下面想问一些跟 Sandel 基本无关的问题。

答：可以，但没法多讲。

问：虽然与回应 Sandel 无关，但你既讲儒学可作宗教性道德范导社会性道德，那对好些学者大肆提倡"儒教"（或"孔教"）如何看？

答：大家知道，我素来不赞成建儒教。理由何在？简单一句话，建儒教（孔教）恰恰贬低了儒学的普适价值。

问：如何理解？

答：儒学来自巫术礼仪，对人有"终极关怀"和"孔颜乐处"的人生境界的追求，具有神圣的宗教性。但又并不是宗教。儒学没有人格神，没有"天国""西方极乐世界"

的愿景，也没有特定的宗教组织和仪式，与基督教、伊斯兰教、佛教或印度教等等迥然不同。建儒教者是想建立一种与基督教、伊斯兰教并驾齐驱的宗教和宗教组织，以宣扬儒学经典。但我以为儒学早已植根在中国人民生活的价值观念、风习、心理、情感方式、人生态度中（参阅《初拟儒学的深层结构说》1996）。这是一种活生生还存在着的中国人的"情理结构"。前面便说过华人社会中的"人情关系"至今仍然突出。家人重亲情，朋友重义气，个体重谦虚。这谦虚不只是客套，而是确认一己的有限和缺失，"吾日三省吾身"，但又不是那种完全匍匐在上帝神明面前的无条件的悔忏卑屈。各宗教讲心灵拯救，儒学讲"修身"，儒学的"修身"是在塑造"人之所以为人"的自然的人化，而不离开肉体。儒学对人类有一种相当准确的历史学的描记，具体地以有巢→燧人→伏羲→神农→黄帝的文化演进秩序来呈述解说，并不认为上帝造人。并指出"既济"之后有"未济"，乐观地奋力追求和探索人往何处去的命运。儒学对人从何处来和人往何处去的这种探索，远比其他宗教的"选民论""末世说"更具有全人类的普适性。儒学讲求的是，"道在伦常日用中"，它过去以亿万中国人勤劳、勇敢、自强、韧毅的长久生存延续抚平了各种内忧外患，现在和未来更将以自己十馀亿人口的健康繁荣的生存态度、生活价值来影响世界。这种生存延续、这些态度、价值，恰恰是儒学的基本精神。它远远高于组建一个教派与其他宗教相比拟相抗衡。

问：这你已讲过，不必多说。

答：这次添加几段西方传教士学者卫礼贤（Richard Wilhelm）在反对袁世凯等人立孔教的议论，未加删节，以窥全豹：

从中国的整个历史来看，它从来没有过国教。孔子也未想到要建立一种新的教派。他无非是要传承与神的永恒意志相一致的保障人类社会秩序的伟大法则。他没有要求成为宗教的创始人。他仅仅希望传授真理，并指明在世间达致秩序与和平之道。整个世界只有一个真理。不存在任何界限可能将真理限制在某些人组成的特别的集团之中，这些人仅属于某一特定的教派，而排斥其他教派。涉及到这一真理的学说，并不存在等级差别和种族差别。只要遵循这一学说，不论是谁，都会获得真理。拥有这一生命的智慧是孔子唯一的目标。除此之外，对他来讲并不存在一个能建立起教派组织的空间，这一组织会将其自身与人类的其他部分分离开来。孔子没有要求个人崇拜，这点毋庸置疑。他确实不止一次地想到过，想要获得真理跟他个人建立关系是至关重要的。他要求自己的弟子除了勤奋地遵循永恒的真理之外，别无他求。孔子真正伟大的地方在于，他为所有的人开启了真理的大门，而没有任何教派的界限。儒家学派一直到今天都忠诚于这一榜样。尽管孔子为各代统治者所敬仰，但从来没有谁想到将儒家学说宣布为国教。就像很少有某处的某人想到将空气或水看做国家的空气或国家的水一样。空气和水之存在，每个人都可以使用，究竟它属于哪个国家或哪家教派，根本是无所谓的。真理的情形也不例外。世上本没有什么国家真理，就这点而言，如果说儒家所讲述的无非是真理的话，那它根本不能成为国教。每一类似的组织都会损害孔子的名誉，都会限制儒家真理必然的影响范围。没有一个真正的儒者会认为，对他的老师（孔子）而言，生活在一个儒教已经降格为一个宗派的社会中，是一种荣耀……东西方的伟大学说必然都不能作为单个国家的特别财产所拥有，这一时代已经到来。儒家学说有很多方面对于西方社会同样具有极大价值。因此，对孔子的尊崇最好的路径是使他的学说能在全世界广为人知。

不断侵入中国的欧洲西方文化也许是它（指孔子的学说——引者注）不得不面对的最强大对手。初看起来，古老的儒家学说似乎在被迫节节败退之后，到今天已最后终结了。但还不能作出最终结论，因为儒家学说本身具有适应现代环境的内在灵活性。可以肯定的是，自中华民国建立以来数年间所进行的、通过将儒学确立为国教而使基督教面对有效竞争的尝试必将失败，因为这种尝试只是从表面上移植了在本国已受到怀疑且不符合儒家精神的教会形式。

回应桑德尔及其他

孔子的秘密正在于此：正如他毫无偏见地继承了中国古代文化并为之注入新的发展潮流一样，其影响也始终在于带来新的活力。它所代表的这种精神启示迄今还在继续发挥作用，问题仅在于是否有合适的人选发展之。

我们现在自问道：什么是奠定中国和东方最深入、最根本的力量？东方给我们提供的决定性的认识是什么？东方的哪些光亮照亮了西方及其发展？我们进一步可以问道，在中国的古代文化遗产中正在发生哪些变化，从目前的状况下可以预见哪些结果和变化？西方能够为这些变化提供准则和解释吗？

（转引自《读书》，2012年第8期，第56～57页）

这是一百年前的话，似乎可与当今倡导孔教的学者们的宏论比较一下，如何？

问：这是否为基督教传播以灭亡中国而故意如此说？

答：有点以小人之心度君子之腹吧？一百年没建儒教，中国并没亡，而且还开始强大起来了。建立教派只会引起冲突。君不见，以慈悲为怀、讲求出世的佛教徒在东南亚对伊斯兰和基督徒竟也是大打出手使用暴力么？儒家最大特征之一是不攻异端，包容接纳，而后同化或消化之。这我已多次讲过了。

孔颜乐处

问:但儒学也有某些类似宗教的最高境界,并且由"修身"的道德提升而致,如所谓"孔颜乐处"。

答:中国哲学主要便是伦理学。孔、孟、《大学》、《中庸》也包括荀子都讲"修身"。在西方,希腊哲学的"爱智"原意也不作认识思辨解,而是指先于知、重于知的实践行为。《论语今读》前言说:

> 康德在《纯粹理性批判》中说:"因为道德哲学具有高于理性所有一切其他职位的优越性,古人所谓哲学家一词一向是指道德家而言。即在今日,我们也以某种类比称呼在理性指导下表现出自我克制的人是哲学家,并不管他的知识如何有限。"(参看蓝公武译本第570页,商务印书馆,北京)这不有些近似孔子和《论语》中的话语么?哲学不是思辨的认识论或本体论,也不是语言治疗的技艺,而是在这个人生—世界中的"以实事程实功"的自我建立。

这种"自我建立"的最高境界或完成形态,在传统中国特别是宋明理学,也许就是所谓"孔颜乐处"。它既有关伦理学,也可以在这里简单谈谈。

问：为什么说只是"有关"。

答：因为我以为它虽然是道德，却又已经超越道德而进入宗教—美学层次，特别是其中包含有某种神秘经验。伦理学只讨论人的行为及有关心理，并不讨论神秘经验。

问：如何讲？

答："孔颜乐处"或"颜子所好何学"是宋明理学不断讨论探索的艰难课题，虽然讲得不少，但始终很不清楚很不明晰。原因就在于它已越出道德层次，涉及神秘经验，无法理性处理，所以说不清道不明。九十年代在台湾一次讨论会上，我说大家只注意宋明理学家的"半日读书"，从不谈或极少谈及他们的"半日静坐"。

问：什么意思？

答：汉唐儒者似乎少有"半日静坐"说。宋明儒者显然受佛教影响，"静坐""养心"成了"修身""明道""变化气质"的必修功课。我以为"孔颜乐处"的问题是在这个基础上产生出来的。迄至现代，梁漱溟还学密宗大手印，牟宗三虽然没学，但屡屡着重肯定神秘经验。他在哲学理论上提出"智的直觉"我以为与此有关。他大讲熊十力拍案而起，斥责冯友兰说"良知不是假设，而是呈现"，也如此。但有意思的是，宋明儒者讲"孔颜乐处",却大都是一笔带过,很少详细论证或描述。牟宗三尽量发掘儒学的宗教内涵,也始终未把"良知呈现""智的直觉"以及他直接肯定的神秘经验讲清楚,远远不及基督教、印度教、佛教和其他一些宗教。你去翻翻我多次提到的 William James 的《宗教经验种种》一书可作个对比。

问:你如何看"神秘经验"?

答:我在《关于美育代宗教答问》中比较仔细地回答过了,即各种神秘经验将来都可由脑科学作出实验回答。在哲学上,Kant 是反对神秘经验的。孔夫子也只讲"成于乐"、"知之者不如好之者,好之者不如乐之者",并未讲神秘经验。包括颜渊也只是"不改其乐",尽管后儒不断把这"乐"往宗教神秘经验方向拉,但并未能确切证明它乃孔、颜原意。我以为从伦理学角度说,中国传统所追求的道德最高境界或道德人格的完成形态,乃是"自由意志"的道德力量不再有对感性情欲的束缚性、控扼性、强制性、主宰性的突出显现,而是让它(道德力量、自由意志)沉浸在非欲非理、无我无他、身心俱忘的某种"天人合一",即理性与情欲合一的心理状态中,似乎"与天地万物合为一体",从而自自然然地或安贫乐道或见义勇为,或视死如归或从容就义,"存,吾顺事;殁,吾宁也",无适无莫,"以美储善",合规律性与合目的性统而为一,真是"万物皆自得,心灭境无侵",由道德而超道德。实际上进入我所讲的以"美育代宗教"的"悦神"层次，也是冯友兰讲的"天地境界"。

问：你说的这种"境界"与宗教所追求的有差别否？

答：基督教以及其他宗教的主流大都有如 W. James 所说的是"健康心态的宗教"（the Religion of Healthy Mind），即认同这个物质世界和自己肉体生存的实在幸福，如 Hegel 所说，"根本上，上帝的生命与人的生命是完全相同的"。所以也并不要求以"苦修"去追求那"得救"的神秘经验，从而与上述中国传统有相通或相似之处。但中国的这种"出神入化"的心灵体悟的最高境界，似乎仍更注意与"身"——肉体的联系而不强调它是"纯灵"。我以为这可能与中医（也由巫史传统而来、注重"养身、长生"）有关。从而与当今某些中国学者所极力推崇的所谓"病态心灵"（sick soul）以严格禁欲、鞭打自虐、摧残肉体来追求拯救或"得道"，特别是以此来获取那种"极端快乐""幸福"的神秘体验，超苦难，超时空，投进了上帝的永恒怀抱，便差别很大。这种自虐以取得"最高"快乐与 Foucault 同性恋澡堂性欲的极度体验，正是八十年代初我讲的理性与感性两种恶性异化在个体行为中的展现，在中国传统看来，又既不道德也不超道德。

新的解说

问：这种神秘经验即你所谓的感性经验的神秘，可以由未来的脑科学在实验室内重复作出,因而并不神秘,也无需乎"半日静坐"去获取。倒是宇宙存在如你所说是一个不可解决的理性难题。它与中国传统有关否?

答:我想以"理性的神秘"和"人的自然化"来重新解读传统,因之所谓"孔颜乐处"便可以是面对苍天厚地而深感宇宙之无垠、天命之宏伟、事物之虚无、个体之渺小,从而畏天虚己,在"四大皆空又还得活"的人生旅途中应天顺变,及时进取,积极乐观,不为物役,超越功利,以上面讲到的种种身心合一、物我双忘的"悦神"心境来作为人生态度、生活境界。这在今日熙熙攘攘的事功利益特别是 Sandel 所讲的"市场社会"中,无疑是很好的解毒良药。真乃是"山中何所有,岭上多白云。只可自怡悦,不堪持赠君"。

问:Sandel 说 Kant 认为自由意志(即你所说的"理性凝聚")不可能用神经认知科学(即你所说的脑科学)来说明和证实,那就更不会承认神秘经验可以由未来的脑科学来解答了。

答:这是一个大问题,也是一个哲学老问题,即身心是一元还是两元的问题。我是一元论者、唯物论者,我在讲认识论、讲"美育代宗教"时已讲过了。在 Kant 时代,认为理性世界(自由意志)可以与感性世界独立、绝缘,不可能用解释现象界的科学来解释。这并不奇怪。但今天看来，自由意志既是一种心理状态，那便与呈现这种心理状态的脑神经有关，既与脑神经有关，脑科学未来便可以作出某种解说，甚至可以作出实验室的某种验证，揭示出人类不同于其他动物族类的脑神经活动，即我猜拟的经由历史积淀和个体教育的某种复杂的神经元通道和结构。这种脑科学研究成果丝毫无损自由意志的"自由"。自由意志也有其自身脑神经生理基础的因果律，从而科学可以研究。自由意志并非不同于现象界的本性（noume non），并非神秘的天意、先验和不可知。我以"理性的神秘"即"物自体不可知"来重新解说缺乏人格神的中国传统，却并不把自由意志当作不可知的物自体。我讲的"物自体"是指整个宇宙为何存在。

问：这与"孔颜乐处"何干？

答：它可以是对"孔颜乐处"的现代解说。中国古代巫史传统在孟子那里曾有"尽性""知性"以"知天""事天"，以及"养浩然之气""平旦之气"而可"塞乎天地之间"之类的表述。东晋葛洪有《抱朴子·内篇》，宋代朱熹深研《参同契》，重视"先天图"，宋明理学则抓住《中庸》"喜怒哀乐之未发"亦即"情"的未发，来讲"圣人气象"，几乎相当于佛家的"父母未生我时面貌"的神秘，并在实践上以炼气、内丹、调气息、讲"呼吸吐纳"等等，构成他们"半日静坐"的具体内容，并表述在他们的哲学伦理学上。

问：如何表述？

答：我在《实用理性与乐感文化》特地写了一节"宋明理学追求超验的失败"，认为宋明理学尽管在佛教影响下去追求超脱物质（"气"）的"理"，脱离身体、物体的精神、生命，但由于中国巫史传统没有两个世界的思想根源，这使得宋明儒者始终不能去明确认定另有一个完全脱离物质世界的天堂、佛国、"纯粹理性"，从而总陷入"理先于气"又"理在气中"的严重矛盾中，而不能坚定树立绝对地超经验、超世界、超自然的"超验"（或"超绝"）（transcendent）的观念或理论。因此也就使得他们那种神秘又神圣的"孔颜乐处"不能完全等同于其他宗教徒所追求和获得的神秘感受或体验。这倒更便于我将"孔颜乐处"拉向"以美启真，以美储善"的"人的自然化"。"以美启真"可以通过静坐停思、呼吸吐纳实即在人与自然各种节奏、韵律沟通同构中，亦即在"人的自然化"中对人体和人脑起一种开发、启迪，它以"人的自然化"补足"自然的人化"。这才是超伦理道德之所在。也就是我所说的"人与宇宙协同共在"的某种高级形态。

问：你是讲传统的"孔颜乐处"与其他宗教的神秘经验仍有所不同？

答：我不是研究宗教经验的专家，这问题回答不了。我只能从人的"情理结构"角度作点表面描述。中国重情理交融，没有分化。其他文化常情理别开，分途发展：理性发展为科学，情感则归属宗教和艺术。想想世界上那些巨大的宗教石建筑！理论上则是"正因为荒谬，所以我信仰"（Tertullian）。从而中国传统的"孔颜乐处"如果以 W. James 所描述的"病态心灵"的神秘经验相比，便与之有下述不同：

第一，面向或默想对象不同：中国人多面向或涉想山水云天、花鸟草木等自然景物，其他宗教多面向或默想上帝存在或神魔斗争。

第二，状态过程不同：中国是养心、断念、调息、控气的灵修静坐，追求身心和谐、物我双忘，与自然合一而得"神秘"。其他宗教常祈祷、悔忏、自虐，以身心分裂、弃身求心来超自然、得神秘。

第三，心境成果不同：中国多以平宁、安静、淡泊、和谐而愉悦，不计生死却无天国。其他则多激荡、昂扬、强力、十字架上的悲惨呼号和振奋，以超越死亡而入天国。

第四，与理性关系不同：中国并不全排理性，理性认知甚至参与其中，而后达到意志消失、无需理性。其他则多绝对排斥理性认知，以强力意志达超理性。

第五，身心关系不同。前面已讲，中国重"德润身"（孟子），重身体本身的健康、舒适、长寿。其他或相反。

问：你如何看这些不同？

答：以前我曾以山水画的平远与高远深远、"理性神秘"与"感性神秘"来作过比拟，今天我仍然以"人与宇宙协同共在"的"理性神秘"对"孔颜乐处"作重新解说。张载说，"知死之不亡者，可以言性矣"（《正蒙·太和》）。中国有"立德、立功、立言三不朽"，这"三不朽"都不在个体的灵魂升天，而仍是在这人世间的承续。这承续也就是参与这个"人与宇宙协同"的"理性神秘"的物自体世界，即"与天地参"。这就是今天可以作出的新的解说。所以我说"世俗可神圣，亲爱在人间"（《哲学探寻录》）。"天国"并不一定要在特殊神秘经验中而可以就在这个人际和世间：肯定世间有比个体自我远为巨大、远为重要的根本性的东西。2008年汶川地震救灾所展示出来的，便正是这种饱含情感、宽泛而确有的道德又超道德的中国式的"神"的律令。

问：与神的律令有何不同？

答：宗教的神律经常有非常具体的语言表述和明白规范，中国式的信仰却宽泛得多。中国传统所崇拜的"天地国亲师"便是这种饱含情感、远高出个人而又相当宽泛的对象。

问：那么，"孔颜乐处"是生活境界还是人生态度？

答：两者都是。所以它不一定要以感性神秘经验作为前提或必要条件。通过与自然韵律、节奏的同构合拍所感受、体悟的欢娱，对开阔心襟、宽广胸怀从而影响甚至决定生活境界、人生态度，可以大有作用，这里并不需要什么特别的神秘，却正是对"理性的神秘"的某种感性的把握。中国知识人没有宗教信仰，从而哲学便不只是抽象思辨，而且也承担情感—信仰的作用。前引 Kant 的话便如此。"参天地赞化育"这种原典儒学准宗教性的语言，正是对"理性的神秘"所作的积极的参照，而并非宗教。这个"与天地参"不是认为"这个世界不值得活"但又不能自杀从而只得去苦求灵魂超越；相反，而是认为"这个世界值得活"却不是现成享用而是积极参与它的工作，使之更为美好。这才是儒家精神。因之，包括修身入圣也不应只是静坐灵修。在孔子那里，"曾点气象"便不是静修状态而是风沂舞雩的动态过程，是在运动中回归自然与自然合一。这个方面今天可以大加扩展。"孔颜乐处"不止于静坐冥修，而且可以是在激剧动态、运行状况和往返过程中去追求与自然节奏韵律的共鸣、合拍、同构、一致而与自然合一，在动态的人的自然化中得到快慰、完满和极大的欢娱。

今天，在登山、攀岩、潜水、冲浪和各种冒险中，在高科技所不断带来的可更深入地挑战自然和接受自然挑战的各种体验中，以不同程度和不同形态去领略、体悟、享受自然和生命的种种节奏韵律而与自然合为一体，实现人的自然化，它使智力增强，反应加快，感觉锐敏，感受愉快，不仅启迪人的心智，"以美启真"，而且傲视人生、体验生命，"以美储善"，培育自己的生命力量、生活境界和人生态度，使之更高更新。它以动态的天人合一来补足静态的天人合一。动静并举,开拓更为广阔的"孔颜乐处"以参宇宙奥秘的新路,以"理性的神秘"替代和超越"感性的神秘"。

全文结语

问:总括一下。你在《世纪新梦》与中山大学教师对谈(1995)中说,中国"不必一定完全重复西方现代化的过程,而可以争取走出一条自己的路,这就是我的总观点"。在《不诽不扬非左非右》一文(1998)中说:

> 十余年来,在我的思考和文章中,尽管不一定都直接说出,但实际占据核心地位的,大概是所谓"转换性创造"的问题。这也就是有关中国如何能走出一条自己的现代化道路的问题,在经济上、政治上,也在文化上。以中国如此庞大的国家和如此庞大的人口,如果真能走出一条既非过去的社会主义也非今日资本主义的发展新路,其价值和意义将无可估量,将是对人类的最大贡献。而且,在当今世界,大概只有中国还有这种现实的可能性,这种可能性也大概只在这三十年左右。因此,我觉得,中国人文领域内的某些知识分子应该有责任想想这个问题。

你现在如何看?

答：毫无变化，因为它们与我的哲学直接有关（参见《哲学纲要》）。在伦理学广阔领域，因涉及政治哲学（外在人文）和道德心理学（内在人性）等许多专门问题，我没有能力多说。但总而言之，我认为，在当代反理性的大潮中，中国应提出重建理性，但这"理性"不是"先验理性"而是"实用理性"；同样要重建文化，不是追求物欲的商业文化，也不是禁欲的罪感文化，而是和谐人际、情理中庸的乐感文化。这次从外到内作了某种"内圣外王之道""中国之路"的伦理学探讨，期望有助于实践中的某种转换性创造。1998年说三十年，已经过去十五年了。中国确已开始在"走出自己的路"，空前快速、举世瞩目的经济发展便是如此，社会变化和进步也很大。但政治、文化上尚未起步。因此总体看来，至少还得三十年。我不能作预言家，我要重申的只是：三五十年在历史上不过一瞬，但对个人却是一生。中国人特别是当政者应有此敬畏的历史责任感。这也属于伦理学要义所在。

问：最后看来，你这次回应Sandel，仍是在讲自己的哲学。

答：然也。一开头就说过"以我为主"。

（完）

2013年9月于柯州波城

附 录

说儒法互用（1999）

> 天地为大矣，不诚则不能化万物。……夫诚者，君子之所守也，而政事之本也。
>
> ——荀子

一 "礼""法"区别

"内圣外王"是儒学的主要课题。我曾一再提问：为什么自孔、孟起，"内圣"一直未能开出"外王"？始终没有得到回答。我自己的回答是历史性的，即原典儒学所依据的背景，是传之久远的上古中国氏族统治体制，这一背景的消失，使"内圣外王"成了不能实现的复古空想。

远古氏族首领，本即是大巫师（见《说巫史传统》）；他们通神明，有法力（Magic）；能沟通天人，求雨治病，去灾降福，领导氏族的生存发展。这就是"闻天命"（耳），发号令（口），亦即"内圣外王"的本义。[1]其后，经由上古的夏、商，

---

1 参阅窪田忍，《中国哲学史上的"圣"的起源》，见《学人》第一辑，上海人民出版社，1990。

到周公,这一巫师的神秘"内圣"功能在千年以上的演习变化中,被逐渐理性化、人文化,成了对政治首领的品格才能的规范要求。这也就是"德"。"德"本来也有以自己作牺牲以侍奉神明的含义。[1] 其后演化为从"修身"作起的"智、仁、勇"等所谓"三达德",亦即氏族、部落、部族的首领们以自己突出的道德、才能的修养,获得氏族成员们心悦诚服的衷心拥戴,从而进行领导和统治。原巫术的法力因素日益褪色。周公虽尚有某种巫师事迹的残留,如《尚书·金縢》为武王祷病等,但主要是以具有崇高品德和杰出才智而"制礼作乐"的鲜明世俗形象出现了。中国上古尧舜禹汤文武周公这一由巫而史的文化传统,到此也就宣告完成。本来,世界上原始部落都有过巫君现象,中国的特点在于:至少从一万年前的漫长新石器时代起,这一现象延续发展得非常完备,并将之彻底理性化和理论化,使原巫史文化的"内圣外王之道",以"修身、齐家、治国、平天下"("修齐治平")的理论,成了儒家上承远古下启来世的无上法门和不二宗旨。无论是孔子的"其身正,不令而行;其身不正,虽令不从",[2] 还是《大学》的"三纲领八条目",或《中庸》的"诚",莫不如是。孔子所谓"述而不作",正是如实地以这个氏族统治体系的大历史背景作为依据的。但时移世变,远古巫师的神秘法力既早已无存,上古首领的道德品格也难以再有,"内圣"之

---

1 参阅 David Nivison, *The Ways of Confucianism*, ch. 2, open Court, 1996。
2 《论语·子路》。

不能开出"外王",便成了理所当然的事情。

特别是到了春秋战国时期,原来与"修齐治平"紧相联系的"礼制"破毁殆尽,要求政刑规范化的潮流,成为大势所趋。孔子反对"政""刑"居于"礼乐"之上,但孔子前有管仲、子产、范宣,孔子后有商鞅、李悝、申不害等等;尤其突出的是,包括孔学大传人的荀子,都在以不同形态、方式和语言,将繁复而灵活、理性又仍含情感的传统礼制,改变为较为整齐划一、明确简要即形式性较强的"法"。荀子将"刑、政"与"礼、乐"相提并论,他的学生韩非和李斯则分别在理论上和在实践上集法家之大成。他们辅助秦始皇以军事征伐统一了中国,开创了高度中央集权的强大的中华专制帝国,最终告别了从远古到上古(夏商周)的氏族统治的"礼治"体系。陈寅恪说:"李斯受荀卿之学,佐成秦治。秦之法制实儒家一派学说之所附系。中庸之'车同轨、书同文、行同伦'(即太史公所谓'至始皇乃能并冠带之伦'的伦)为儒家理想之制度,而于秦始皇之身而得以实现也。汉承秦业,其官制法律亦袭用前朝。"[1] 毛泽东也说,"百代皆沿秦制度"(一作"百代都行秦政法"),包括他本人在内。从文献看,作为维护社会统治和结构秩序的成文法律,从云梦秦简到萧何九章律,一直到大清律,历经两千余年,具体内容虽有差异,基本精神和整体特征很明显一脉相承。这也就是与先秦礼制(《仪

---

1 《冯友兰中国哲学史下册审查报告》,见冯著《中国哲学史》。

礼》《周礼》或可作参考？）相区别的"法"。

如果将"礼"与"法"作一粗略比较，似可如下表：

礼	法
（1）非成文的习惯原则（"经"）	（1）成文的规范形式[1]
（2）重情境和条件（如"礼尚往来"），有更多灵活性、特殊性和差异性（"权"）	（2）重普遍和确定，追求一定的平等和一致[2]
（3）个体的自觉和主动	（3）个体的被动与服从
（4）公德（公共行为）与私德（内心修养）合而为一	（4）只求行为表现公德，不问内在私德如何
（5）更多社会舆论的制裁和谴责	（5）主要由政府部门制裁处理
（6）目的性（本身即目的）	（6）工具性（本身乃手段）
（7）情感性（归结于"仁"）	（7）非情感性（与"仁"无关）
……	……

这比较当然远不准确和完备。本文也只就最后一项作些非常粗陋简略的初步讨论，因为它涉及"儒法互用"的主题核心。其他各项如充分展开，也会极有意义，但非本文和本人能力所及。

中国"法家"常被称为"罚（刑罚）家"，甚有道理。因为中国的"法"本与作为暴力的刑、罚紧密相联。从起源说，上古"礼""刑"虽对举，但"刑"本就是礼制的一个部分，

---

[1] "法者，编之于图籍，设之于官府，而布之于百姓者也"（《韩非子·难三》）。
[2] "所谓一刑者，刑无等级，自卿相将军，以至大夫庶人，有不从王令、犯国禁、乱上制者，罪死不赦"（《商君书·赏刑》）。"法不阿贵，绳不挠曲。法之所加：智者弗能辞，勇者弗能争。刑过不避大夫，赏善不遗匹夫"（《韩非子·有度》）。

即有关施行暴力的部分。《尚书》、《周礼》等都讲到"刑"。包括孔子也讲"刑罚不中,则民无所措手足。"[1] "刑"与"形"、"形名"相联,展示它本有一定形式规范,只是由于从属于"礼"而无成文的明确律例。以后的"法"即从原礼制中的有关"刑"的部分演变发展而成。但"礼""刑"既对举,其演化便使差异更为明显。"礼"要求个体自觉、主动的履行,其中特别是包括对内在情感的要求(如敬、庄、忠、仁、义、诚)。所谓"礼者,因人之情,缘义之理,而为之节文者也",[2] 所以这虽然要求从小习礼,要"立于礼",但最后却是"成于乐",即人格必须完成于情感的塑建。[3] 又例如,所谓"刑不上大夫",就是对氏族贵族的最重处理是自裁,即要求主动自觉的自杀,[4] 而不被动受刑罚的处置。这也显示出"礼"所追求和强调的是与内心情感攸关的个体自觉性。"礼"随具体情境而常有各种参差出入,"刑"和"法"则不然,它更多是以暴力对个体的强制执行,为了使惩戒处罚可资比较而展示公平和正义,它追求更为明确和整齐的形式确定,要求避免情感因素的渗入。荀子所说"怒不过夺,喜不过予,是法胜私也",[5] 即此之谓。所以,与儒家强调"亲亲,仁也"

---

[1] 《论语·子路》。

[2] 《管子·心术上》。A. C. Graham 曾认为先秦典籍中的"情"均应作"情况"而不作"情感"解,郭店竹简似证此说不能成立。

[3] 参阅拙著《华夏美学》。

[4] 参阅瞿同祖《中国法律与中国社会》第四章,商务印书馆,上海,1947。

[5] 《荀子·修身》。

相反，"法家不别亲疏、不殊贵贱，一断于法，……严而少恩。"[1] 也如原典法学所再三申明："骨肉可刑，亲戚可灭，至法不可缺也。"[2] "上世亲亲而爱私"，"亲亲则别，爱私则险，民众而以别险为务，则民乱。"[3] "枉法曲亲，……法制毁也。"[4] 这种绝对摒弃以"亲亲"为主轴的人情和情感，用纯理性（理智）的形式尺度来衡量利害，以作为出发点制定政策和制度，在韩非的著作里，表达得非常充分和清楚。在实践上，则如黄宗羲所说："夫古今之变，至秦而一尽……古圣王之所恻隐爱人而经营者，荡然无具"。[5] 所谓"至秦而一尽"的"恻隐爱人而经营者"，也就是重视氏族关系和情感因素的上古礼制，如黄所标出的"封建""井田"等等。

这种"恻隐爱人"礼制的荡然无存，也来自军事伐戮。作为暴力的"刑"本与"兵"（征伐）有关。《国语》说，"夫战，刑也"，[6] 但在上古礼制中，如前已说，"刑"服从于"礼"。春秋时宋襄公遵循"不重伤，不禽二毛，古之为军也，不以阻隘也"[7] 的古礼，拒不出击正在渡河中的敌军，从而大败，《春秋公羊传》赞之为"不忘大礼"。[8] 可见，"礼"甚至包括"军

---

[1] 《史记·太史公自序》。

[2] 《慎子》。

[3] 《商君书·开塞》。

[4] 《韩非子·八说》。

[5] 《明夷待访录·原法》。

[6] 《国语·晋语·厉公》。

[7] 《左传·僖公 22 年》。

[8] 《春秋公羊传·僖公 22 年》。

礼"在内，都含有上古氏族体系中原始人道主义的"脉脉温情"。但到了春秋时期，这一切便成了如《淮南子》所说："古之伐国，不杀黄口，不获二毛，于古为义，于今为笑。古之所以荣者，今之所以辱也。"[1] 宋襄公此举一直被后世讥为"妇人之仁"。到战国，更加如此。以白起坑赵卒"数十万"的赫赫战功为标志，秦国数代统治者以法家"耕战"战略统一了全中国，军事行动的非情感性和行伍制度的有效性，对国家行政和社会组织的工具性要求和形式化建制，无疑有着极大的启发和推动作用。

总起来看，理性的形式化原则战胜情感的实质原则乃是"礼""法"区别的要害之一。一方面，"法"本自"礼"出，另方面，"法""礼"分异而殊途。韩非、李斯这两位最伟大的法家，出自儒学中理性因素最强的荀子门下（而不可能出自情感性甚强的孟学），实理所当然。

前面说，"汉承秦制"。为什么要承秦制？因为不如此便不足以统治偌大帝国。包括汉初刘姓的分封也没能维持多久，它通过平灭吴王濞的"叛乱"，将沿袭先秦的封建礼制在政治上彻底废除。这与孔子和儒学的"兴灭国，继绝世"基本教义完全背道而驰，却全面完成了自战国开始建立郡县制度这一划时代的体制变革。自此以后，中央集权，四方听命，一直延续两千余年。尽管其中有南北朝的分裂，有唐代藩镇割据延伸至五代十国的短命王朝，但毕竟只占

---

1 《淮南子·氾论训》。

较短时期。由国家行政体制高度统一(郡县制),权力高度集中于中央,所带来的种种"书同文"(书面文字的统一)、"车同轨"(包括钱币和度量衡的统一)、"行同伦"(包括伦常纲纪、行为习俗的统一),则是形成中华民族长久大一统局面并延续至今的极为重要的因素。而这,却是法家的功绩和成果。

然而,明确以法家学说为指导方针的强大的秦王朝,十五年便土崩瓦解,顷刻覆灭。如何才能长久维持一个强大的帝国,成了汉代知识者和统治者严重反思的头号问题。历史经验似乎说明,纯凭理性颇有问题,形式原则也不足恃。法家被严厉谴责,儒学被重新唤起:儒生和礼制的作用不仅在定朝仪、行典礼,它应该恢复其安邦理政、"修齐治平"的理想功能。于是贾谊有"过秦论",董仲舒有"治安三策"和《春秋繁露》……其总精神则是追求"礼法交融,儒法互用"。

二 "礼""法"交融

所谓"儒法互用",远不止如经常理解"阳儒阴法"的软硬两手:即一面宣讲仁义道德,一面实行峻法严刑。当然,历代中外统治者和统治术都确乎有这两个方面和这两种手段,以相互补充、互相帮助。所谓"儒法互用",也不止于历代儒生们以儒学经典的仁义道德,来批评和限制皇帝和法家的"急功近利"、"好大喜功",即现代学人所谓儒学以"批判精神"来对抗法家的专制统治。如汉代盐铁会议上,"贤良文学"与"御史大夫"的激烈争辩,以及后世的御史、谏官、"清流"以儒家学说来阻挠和反对行政方面(皇帝、宰相)的过度措施(军事征讨、财政聚敛等等)。在这些方面,儒学也的确起了积极作用。但是,我以为,汉代儒学所完成的"儒法互用",却比上述这些远为深刻和重要。因为他们所作的,是将先秦原典儒学的基本精神,移植到法家政刑体制内,进行了"转化性的创造",使之成为这一体制的灵魂和基石。这才是关键所在。

什么精神?原典儒学所强调的以亲子情为主轴、对人际等级关系和人性积极情感的培育和规范。这种精神被输入汉代政刑体制中,构成了所谓"以孝治天下"这一独特标记。本来,在大一统专制帝国中,对各级臣下及子民所要求的应该是"忠"——忠于皇帝、忠于朝廷。但汉代统治者所突出倡导和宣扬的却是"孝"。汉代皇帝都谥号"孝"。前面讲的平吴王濞后废分封为郡县,也是以"父慈子孝"的"推恩"名义进行。与郡县制度同样重要的汉代文官选拔制度,其具体途径是"举孝廉",即所谓"取忠臣于孝子之门"。在意识形态方面,以《孝经》作为最基本的教科书,其地位在《论语》之上。"孝"当然有小农业家庭的社会基础作现实支撑,但原典儒学讲求的"孝",并不只是父母子女之间物质上的抚育和供养,更突出的是他(她)们之间双向的慈惠、亲爱、尊敬、依恋的关系和感情。并由父子扩充到其他"四伦",所谓"父慈子孝"、"君仁臣忠"、"夫义妇顺"、"朋友切切偲偲，兄弟怡怡"等等。它所规范的既是人际关系，又是人性情感。《论语》屡次记载"色难；有事，弟子服其劳；有酒食，先生馔；曾是以为孝乎？""至于犬马，皆能有养；不敬，何以别乎？"[1]也都是强调外在行为规范只有以内在情感作为根本依据，才是真正的"礼"。如前所说，原典儒学产生于也服务于上古氏族统治秩序。这个秩序的特色是，一方面明确等差级别、上下尊卑等等差异，另方面又重视在整个等级系统中成员之间情感的一致与和谐。所谓"礼乐并行"就是为此："乐合同，礼别异。礼乐之统管乎人情矣。"[2]但是，"礼废乐崩"，氏族体制早已崩毁，汉代中华帝国的两大支柱，即上述忠于中央的地域性（非原氏族宗法）的郡县性和忠于天子的选拔性（非原氏族世袭）的文官制，既然都是以理性形式为标尺的统治体系，将情感性极重的"孝"突出到如许地步，这是如何可能和必要的呢？

在希腊，柏拉图认为"家"乃个人小事，家庭小哀乐阻碍人的智力发展，无益于公共事务。亚里士多德虽然肯定家庭，但也主张家国分开，家乃私人事务，国才是公共政治。包括东方的日本也强调"家""国"分离。[3]唯独中国不然，总是由"家"及"国"，"家""国"相联，直到20世纪50年代，中国大陆仍然以"保家卫国"的口号来动员民众，参加战争。

1　《论语·为政》。
2　《荀子·乐论》。
3　参阅拙文《中日文化心理比较试说略稿》。

先秦儒学讲"齐家治国"有其氏族体系背景,前面已讲;秦汉以后也讲"修齐治平",那么,"齐家"又如何能与"治国"、亦即"孝"如何可能与"忠"相衔接呢?这在理论逻辑上是如何可能的呢?

这个衔接的根本基础,我以为,在理论上便是以"始推阴阳,为儒者宗"[1]的董仲舒为代表的汉代儒学的天人宇宙观。汉代儒学的主要贡献就在这里:它吸取了道法家和阴阳家的学说,承续并完成了自思孟、《周易》以来的、以阴阳五行为构架和话语的、具有"相生相克"的反馈机制的天人宇宙图式。这个图式涵盖整个天时、物候、人体、政制、赏罚……,真可说是其大无外,其小无内,宇宙万物都在这个相互影响、制约、牵涉的天人系统中。这个系统本身也就是中国人的上帝。它主宰、决定、控制着一切。"天地君亲师"则是这个系统的主要支柱,从而成为人们崇拜、敬爱和服从的对象。这个阴阳五行的儒学天人系统对中国社会和中国人,一直有着重要的影响。[2]

这个系统表层用的是阴阳家以及道法家的话语,其深层构架却仍然是儒学。它是儒学"转化性创造"的典型范例。其转化性的"创造"在于,把阴阳家、道法家原为中性的"天"、"道"、"阴阳",赋予了儒学的情感性。也即是

---

1 《汉书·五行志》。
2 参阅拙作《中国古代思想史论·秦汉思想简议》,人民出版社,北京,1985。

说，将情感性极强的孔学主要范畴——"仁"，注入"天"、"道"、"阴阳"之中，作出了宇宙人情化的系统开拓，成为儒学的新时期。董仲舒再三强调说："仁，天心",[1] "天，仁也。……察于天之意，无穷极之仁也。人之受命于天也，取仁于天而仁也。"[2] "仁"竟成了"天"的本性和特征：养育万物，利国活民。原典儒学对人的感性生命和对奋力追求生存的积极肯定（"生为贵"、"百物之中人为贵"[3]、"天行健，君子以自强不息"[4]等等），在这里被提升而成为宇宙的规则和上天的性格。从而，这使得"天"在这宇宙图式中既完全不是任凭情绪、喜怒无常的上帝，也不是某种纯粹的理性主宰和形式。它是有情（"仁"）又有理（四时冬夏合乎规律地运作）的存在，既有理的形式，又有情的内容，情理交融，合为一体。"天"既如此，服从"天"、追求遵循"天道"的"人道"，也就必须如此。董仲舒反复论证说："仁义制度之数，尽取之天……王道之三纲，可求于天。"[5] "天之道，春暖以生，夏暑以养，秋清以杀，冬寒以藏……皆天之所以成岁也。……庆赏罚刑与春夏秋冬以类互相应也，如合符。故曰王者配天。"[6] 其中，特别强调"天任德不任刑"："王者承天意以从

---

1 《春秋繁露·俞序》。
2 《春秋繁露·王道通三》。
3 《郭店楚墓竹简》，文物出版社，北京，1998。
4 《周易·系辞》。
5 《春秋繁露·基义》。
6 《春秋繁露·四时之副》。

事,故任德教而不任刑",[1]即尊阳抑阴,尊德抑刑,强调仁爱是"天意",因之也应是"王道"。这就把原典儒学所强调的"德政"("为政以德"[2])通由天人宇宙图式,移入专制体制之中。而"忠""孝"之相联结,也在此处:

> 《孝经》曰:夫教,天之经,地之义,何谓也?……天有五行,木火土金水是也。木生火,火生土,土生金,金生水……是故父之所生,其子长之;父之所长,其子养之……父授之,子受之,乃天之道也。故曰孝者,天之经也……[3]

"孝"是"天经地义",具有宇宙价值。原典儒学讲的"迩之事父,远之事君",[4]在这里便不再只是宗族血缘纽带的规矩,而成为必须遵循服从的天人系统的普遍法规。正因为与父子一样,君臣也是在同样关系的五行图式中,"忠""孝"的衔接具有宇宙论上的一致性和本体关联。所以包括皇帝事天也是尽孝道:"号为天子者,宜视天如父,事天以孝道也"。[5]汉代皇帝都谥号"孝",亦以此故。父子、君臣、天人(天与天子)都在这个五行系统中,这个系统既"仁且孝",

---

[1] 《汉书·董仲舒传》。

[2] 《论语·为政》。

[3] 《春秋繁露·五行对》。

[4] 《论语·阳货》。

[5] 《春秋繁露·深察名号》。

充满着原典儒学以亲子为主轴的情感内容,却又是一种天人关系的理性的普遍形式结构。

《孝经》还说,"夫孝,始于事亲,中于事君,终于立身"。"孝"不仅止于事亲事君,而且还是个体终极关怀(Ultimate Concern),亦即"安身立命"("立身")之所在。其所以能"安身立命",仍在于它本身便是天地宇宙的建立原则。汉儒以"孝"来作为安身立命的"天人一体",显然不同于后世宋明理学程朱派所宣扬相当接近康德至上命令(Categorical Imperative)的纯原则的"理"(《论语》"获罪于天,无所祷也",朱熹注:"天即理也"),也不是陆王派所高悬却极易流入自然人欲的"心",它具有更多情理交融的现实因素。同样,也因为以非常实在的亲情(慈、孝)为现实基础,中国作为"天心"的"仁"便不同于基督教上帝的"圣爱"(agape)。[1]

在这样一套强调"情理交融"和"天人一体"的宇宙图式基础上,所谓"以孝治天下",由于把具有现实情感的"孝"注入、渗透、主宰整个社会政治体制,从而在很大程度上改变了原法家(如韩非)以现实利害和理智估量为基础,并追求形式的普遍有效性的理性立法方向,转化而为重人伦、重实质、重情感、重社会关系、灵活性很强的伦理立法。这就

---

[1] Ardres Nygren, *Agape and Eros*(1932)虽严格分出基督教传统中的 agape-religion 和 eros-religion,后者或有认为接近儒学,但我以为实质上仍大不相同,其关键亦在此处,即"仁"是以非常具体、现实的亲子情为主轴。

是所谓"礼法交融""援礼入律""法由礼断"。这也就是我所认为最重要的"儒法互用"。

下面就四个特征看看这个"儒法互用,礼法交融"的具体情况。

1 "屈法伸情"

所谓"情",即人情,首先是亲子之情。汉代以前,《吕氏春秋》便有"商书曰,刑三百,罪莫重于不孝"[1]的记载。可见,"孝"是上古氏族社会非常重要的规范要求,由来久远。汉代以来,则法律明文规定,父母杖子不犯法,殴打父母则是大罪,甚至死罪,并明令禁止子女讼告父母。法律本身将这种不平等确定下来,以坚决维护父子一伦的差等关系。在涉及忠孝方面,依据孔子"子为父隐"、"父为子隐",《孟子》舜可以携父逃亡的著名命题,后世法律规定,除谋反"大罪"外,允许亲属相互隐瞒,不构成伪证。"父子之亲、夫妇之道,天性也。虽有祸患,犹蒙死而存之,诚爱结于心,仁厚之致也,岂能违之哉。自令子首匿父母,妻匿夫,孙匿大父母,皆勿坐"[2](汉宣帝诏)。这位一向被史家评为"信赏必罚"[3]、"持刑太深"[4]、反对"纯任德教用周政"[5]的汉

---

1 《吕氏春秋·孝行览》。
2 《汉书·宣帝纪》。
3 同上。
4 《汉书·元帝纪》。
5 同上。

代著名的"法家"皇帝,却如此明确维护"爱结于心"的仁厚"天性"即孝道的具体实现,可见这种"汉家自有制度,本以霸王道杂之"[1](宣帝语),便不简单是两种手段和策略,而是有意识地将儒学仁爱输入法家的政治实践中,并定为基本原则。表面上,似乎是法家利用儒学,实际上却恰好相反。汉宣帝因为还处在这个"儒法互用、礼法交融"的起始阶段,法家色彩仍然浓厚;其后,特别是晋代以后,[2] 儒学所强调以亲子关系为基础的尊卑、长幼、亲疏(如五服丧制)的等级秩序,便更为具体地细致地逐一被纳入正式法律条例中。父子相隐、无异财、反分居(与商鞅当年鼓励分居适成对比)、存留养亲(亲老无人奉养可缓刑、减刑或免刑)等等,成了明文规定。并由孝亲一伦更扩展至其他社会关系和人情。明代著名"清官"海瑞说:"窃谓凡讼之可疑者,与其屈其兄,宁屈其弟;与其屈叔伯,宁屈其侄;与其屈贫民,宁屈富户;与其屈愚直,宁屈刁顽。"[3] 又如,"有一案,两人因财产问题诉讼,法官已判明真情,洞悉'小人奸状',只因两家是亲戚,'岂能为小失大',因此押下本箱,唤邻里从

---

[1] 《汉书·元帝纪》。

[2] 陈寅恪《隋唐制度渊源略论稿·四刑律》:"司马氏以东汉末年之儒学大族创建晋室,统制中国,其所制定之刑律尤为儒家化,既为南朝历代所因袭,北魏政律,复采用之,辗转嬗蜕,经由(北)齐隋,以至于唐,实为华夏刑统不祧之正统。"

[3] 转引自梁治平《寻求自然秩序中的和谐》,第297页,上海人民出版社,1991。

中劝和，务要两平"，[1]财产纠纷事小，亲戚失和事大。

总之，"读律尚己，其运用之妙，尤在善体人情。"[2]什么人情？儒学所倡导的"父慈子孝"、"夫义妇顺"、"兄友弟恭"的伦常纲纪之情。这"情"因为与社会关系、秩序、风俗、习惯、观念意识紧相联结，是社会结构的黏合剂，其地位和作用之重要，便远在法律所要求的公平、正义之上。从而，以亲子为基础的"人情"礼俗重于具体案件的曲直是非，甚至可以发展到是非不问、曲直不分来"屈法伸情"。自汉代以来，传统儒学认为只有维护、遵循这个"人情"，才能"敦风俗，厚民心"，以保持社会的安定与和谐，"屈法伸情"是在"儒法互用、礼法交融"中"儒"取得上风地位的表现。例如，一方面要求欠债还钱（法的形式性），另方面反对"见利忘义"（礼的实质性）；两者交互为用，但后者更被宣扬和倡导。因为"义"也就是具有情感因素在内的"礼"的基本原则。中国人讲的信义、忠义、道义、节义等等，都正是某种情理交融的混合体，而并不是单纯的理性原则。

2 "原心论罪"

原典儒学一贯强调"民情"和"民心"（实即氏族成员们的政治态度和心理状况）对稳定统治秩序的极端重要

---

1 见《名公书判清明集》。转引自梁治平《寻求自然秩序中的和谐》，第275页。
2 汪辉祖《佐治要言》。同上书，第274页。

性。"礼乐"固然是为了稳定民心,刑罚也是为了杀一儆百,"端正"民心。包括云梦秦简也说:"是以圣王作为法度,以矫端民心"。于是上述儒学津津乐道的上古礼乐的内在情感原则("礼云礼云,玉帛云乎哉?乐云乐云,钟鼓云乎哉?",[1] "人而不仁如礼何?人而不仁如乐何?"[2]),在这里便以"原心论罪"的明确方式进入法律制度中。即是说,对比起客观行为效果言,更重视以当事人的主观动机、目的来作为衡量裁判的法律标准。董仲舒标榜春秋笔法的原则是"从其志以见其事",[3] "春秋之好微与其贵志也",[4] 强调重视内在的"心"、"志",由"志"见"事",以"事"求"志"。或如《盐铁论》所云:"法者,缘人情而制……故《春秋》之治狱,论心定罪。志善而违于法者,免;恶而合于法者,诛。"[5] 下面便以"以春秋决狱"的董仲舒所裁决的案件为例:

乙、丙相斗,丙以刀刺乙,乙之子甲以杖救父,而误伤父,当何罪?或曰:按律,殴父母枭首。董仲舒以为:"臣愚以为父子至亲也,闻其斗莫不有怵怅之心,扶杖而救之,非所以垢父也。《春秋》之义,许止(人名)父病,进药于其父而卒,君子原心,赦而不诛。甲非律所谓殴父,

---

1 《论语·阳货》。
2 《论语·八佾》。
3 《春秋繁露·玉英》。
4 《春秋繁露·玉杯》。
5 《盐铁论·刑德第五十五》。

不当坐"。[1] 因为如果按照秦代法家"诛名而不察实"的形式规定，甲应判死罪无疑，但上述董仲舒"以春秋决狱"的判决却显示，即使用法的普遍形式来强制推行"孝道"（如殴父死罪）时，也仍然需要置放在实际的亲情基础之上来考量。从而，依据内在的人心和实际的情感来具体推论，便比固守僵硬形式原则（法的明文条例）更为重要和"合理"，这里要求的是"情"（人情）与"理"（事理）的统一。这也就是中国人常讲的所谓"合情合理"或"合乎情理"。

可见，所谓"原心论罪"，也就是强调要察考犯罪嫌疑人的主观的意图、动机、目的，突出了这种人际关系和其内心情感的方面。因为"心"（主观意图）当然不止于"理"，而且有"情"；这"情"与"理"又是合在一起的。这也即是人际情感是与亲疏关系（即传统社会的"礼"与"理"）是合在一起的。这种"情理"因不同具体境况而大有其特殊性和变异性，很难以一种规范了的理性标尺来衡量裁定。所谓"人情冷暖"只能"如鱼饮水，冷暖自知"。"原心论罪"的原则给法律判决留下了极为宽泛的伸缩余地，大为削减了法的理性形式所要求的普遍性。

3 重视行"权"

"经"与"权"是原典儒学和上古礼制中的一对重要范畴。

---

[1] 程树德：《九朝律考》引《太平御览》，第640、164页，中华书局，北京，1988。

"权"是相对于"经"(原则性)而言的灵活性。它们相互补充,相反相成。在法制统治的帝国体系里,"法"成为理性形式的原则规定后,在实践中如何能"合情合理",除上述"原心论罪"外,更大部分是依靠"权"来实现的。仍以董仲舒决狱为例:

> 甲有子以乞丙,乙后长大而丙所成育。甲因酒色谓乙曰:"汝是吾子"。乙怒杖甲二十。甲以乙本是其子,不胜其忿,自告县官。仲舒断之曰,甲生乙不能养育以乞丙,于义已绝矣。虽杖甲,不应坐。[1]
>
> 甲夫乙将船,会海风盛,船没溺流而亡,不得卉。四月,甲母丙即嫁甲,欲皆何论?或曰,甲夫死未卉,法无许嫁,以私为人妻,当弃市。议曰,臣愚以为《春秋》之义,言夫人归于齐,言夫死无男,有更嫁之道也。妇人无专制擅恣之行,听从为顺,嫁之者,归也。甲又尊者所嫁,无淫行之心,非私为人妻也。明于决事,皆无罪名,不当坐。[2]

第一例可能会使后儒咋舌,因为打的毕竟是生父。董仲舒却以为父既不慈(不养育),"于义已绝",承续原典儒学中社会关系具有相对性、条件性的精神,判为无罪,这是

---

[1] 程树德:《九朝律考》,第164页,中华书局,北京,1988。
[2] 同上书,第164至165页。

相当"合乎情理"的。例二则更明显。可见,儒学所强调的"礼制"和"孝道",具有相当的伸缩性和灵活性,随着具体的环境、情况、条件而重视具体的不同运用(至少汉代儒学尚如此),这就是原典儒学的"权"。孔子讲"可与立,未可与权",[1] 孟子有以手援嫂之例,[2] 都说明这种"灵活性"的重要。它在专制体系里,便以具体的情境、人情、情感关系突破和冲淡了法的普遍形式的严格性。尽管儒学强调"权"必须从属和服从于"经",但这个"经"并不是指"法"的理性形式,而是指"礼"的原则。"礼"的原则也就是情感性极重的"亲亲尊尊",恰好可以成为行"权"的依据。可见,"法由礼断","礼"高于"法","人情"渗入法律裁决,是通过"权"来具体实现的。

4 "必也无讼"

孔子说:"听讼,吾犹人也;必也,使无讼乎。"[3] 上古礼制和原典儒学为了氏族统治的长期稳定,一贯重和睦,反诉讼,主调解;重预防,轻惩治;强调教育为主,刑罚为辅。自汉以来,这一儒学"礼治"特征也日益明确地作为原则渗入政法理论和具体实践中。《隋书·刑法志》说:"礼义以为纲纪,养化以为本,明刑以为助"。唐永徽律疏说:"德礼为

---

1 《论语·子罕》。
2 《孟子·离娄上》。
3 《论语·颜渊》。

政教之本,刑罚为政教之用",均是。在具体案例中,则如"亭人陈元者独与母居,而母诣览告子不孝……(览)亲至元家与母子饮,因为陈人伦孝行,譬以祸福之言,元卒成孝子。"[1]"况逵为光泽县尹,有兄弟争田。逵授以伐木之章,亲为讽咏解说,于是兄弟皆感泣求解,知争田为深耻。"[2]这一"必也无讼"的儒学要求,一直延续到后代。如清代也有关于兄弟争产的类似案例:有兄弟争讼,县官不问"谁曲谁直,但令兄弟互呼,此呼弟弟,彼呼哥哥,未及五十声,已各泪上沾襟,自愿息讼"。判决书强调:不能"以身外之财产,伤骨肉之至情",[3]所有这些都是强调要用骨肉关系和兄弟情感来感化人心,平息诉讼。于是,"法"失去其应有的普遍性的理性价值,从属在情感原则所维护的伦理关系和社会秩序之下,要求在实际运用中成为施行儒学教化的手段。所谓伦常教化,在儒学传统中,除了一再确认长幼、尊卑、亲疏、远近的伦理关系和社会秩序这一现实层面外,另方面也就是极力培育人们对这一关系和秩序的心理认同,亦即情理合一的道德观念和道德感情。它构成了中国"人情"的核心部分。中国传统社会以亲子、兄弟、家庭为核心,扩展辐射为家庭、宗族、同姓、同乡、同学、同省籍(清代各省会馆、民国的

---

[1] 《后汉书·循吏列传·仇览传》。

[2] 转引自瞿同祖《中国法律与中国社会》,第231页,商务印书馆,上海,1947。

[3] 《陆稼书判牍》,转引自梁治平《寻求自然秩序中的和谐》,第166页,上海人民出版社,1991。

各省、县同乡会）的关系认同和情感认同，至今仍有其微弱的残存。而避免对簿公堂，重视通过家族、宗族、亲朋戚友的"自行处置"和"民间调解"，则几乎从古至今，延续而成为中国社会的某种特色。

唐太宗放死囚的著名故事为后儒盛赞，可说是教化优于法刑的最高范例。即君主的仁慈、死囚的信义（如期返归）亦即感化成功的教育和相互的人情信义，要远高于和重要于履行法律的理性和正义的裁决。《礼记·礼运》说："圣人耐（能）以天下为一家，以中国为一人者，非意之也。必知其情，辟于其义，明于其利，达于其惠，然后能为之。何谓人情？喜怒哀惧爱恶欲，七者弗学而能。何谓人义？父慈、子孝、兄良、弟悌、夫义、妇听、长惠、幼顺、君仁、臣忠，十者谓之人义。讲信修睦，谓之人利。争夺相杀，谓之人患。故对人所以治七情，修十义，讲信修睦，尚慈让，去争夺，舍礼何以治之？"原典儒学这种由家及国、公私不分、以情为重、以伦常为本的原理透入后代法制，构成了儒法互用而交织的主干。所以，在理论上，从孔子、荀子到董仲舒到朱熹，都一方面肯定刑罚及其理性形式的必要性，[1]另方面又都强调刑罚只是辅助手段，社会必须建筑在德政、礼制的教化上，才能"长治久安"，即保持长久的和谐稳定。与《中

---

[1] 孔子有"刑罚不中则民无所措手足"，"片言可以折狱"，"听讼吾犹人也"（见《论语》）。朱熹有"刑罚亦不可弛"，"明刑弼教，禁民为非"（见《朱子语类》）等等。

庸》一样，荀子也强调"诚"的重要，认之为"政事之本"。《大戴礼记》说："礼者，禁于将发之前，而法者，禁于已然之后。"[1] "之前"比"之后"重要；"礼乐"是"之前"的教化，刑、法是"之后"的惩治，前者的情理统一的追求，高于和重要于后者的理性形式的裁决。落实在实践上，也就是上述种种由汉儒开始延续到清代的"必也无讼"。

总之，以"人情"及其关系为主题和根本，伦常为重，利害为轻；情义为重，讲理为次；教化为主，刑罚为辅；灵活性强，形式性弱；这就是原典儒学渗透刑政法律的"礼法交融，儒法互用"。由于"法由礼断"，儒法交相利用中以儒为主的局面，非常明显。所以陈寅恪说："二千年来华夏民族所受儒家学说之影响最深最巨者，实在制度法律公私生活之方面。"[2] 而所谓"公私生活"，正是华夏民族生命非常实在的主体所在。它在构造、形成文化心理结构上，无疑起了某种决定性的作用。迄至今日，中国人不重个人及其权利，而重相互关系及其感情；不习惯（甚至以为羞耻）兴诉讼、上法院，去寻求公正裁决，而宁喜调解互让，自行私了，以"不伤和气"。凡此等等的习俗、观念、行为方式、价值标准、情感态度、

---

1 《大戴礼·礼察》。
2 《冯友兰中国哲学史下册审查报告》。从而，牟宗三等强调区分政统、治统与道统，便相当片面。政统中亦大有儒学精义在，其影响中国人公私生活至深，决不亚于道统心性论。儒学这种社会性功能比心性修养的宗教性功能实远为重要，是以古今儒者才可能既信佛、道、回、基督，却并不丧失"道在伦常日用之间"的儒学传统精神，后者仍是其公私生活中的主要统率者。

思想定势,构成了中国人的"人情味"特征。它在今日走向现代化的进程中,将起何种正负作用,是值得探索的课题。

三 借鉴历史

中国近现代的重要关键之一,是新一轮的"儒"(传统儒学礼教)"法"(现代西方法治)相遇。但这次的"法",与先秦法家的"法",根本性质上大不一样。与传统的"罚"、"法"是集体(氏族、部落、宗族、国家)对个体的处置惩罚相反,现代法治是以个人权利和社会契约为根本,以现代市场经济及其科层制行政管理为主干,以自由、平等、人权、民主为符号,要求建立理性化的普遍形式。它与上述以父子家庭为主轴,伦常关系为基础,尊卑长幼亲疏为形态,"情理交融、合情合理"为准则的礼法传统,不但迥然不同,而且大有冲突。特别由于传统"礼法"在"必也无讼"的精神指引下,轻视法律裁决,主张"民间自行私了",在实际生活中,便反而造成了种种"以理杀人"[1]、"礼教吃人"[2]的极端

---

[1] 戴震:"尊者以理责卑,长者以理责贱,虽失谓之顺,……人死于法,犹有怜之者;死于理,其谁怜之?"(《孟子字义疏证》)。谭嗣同:"……忠孝廉节一切分别等衰之名,乃得以责臣子曰,尔胡不忠! 尔胡不孝! 是当放逐也,是当诛戮也","后母之于前子,庶妾之于嫡子,主人之于奴婢……黑暗或有过于此者乎"(《仁学》)。以及康有为《大同书》、宋恕《六斋卑议》中对传统礼制中君权、夫权等在法律之外的对妇女、穷人的种种迫害。
[2] 以鲁迅《狂人日记》为代表的五四运动突出了这一事实和论点。

任意性和残酷性。被冤、屈、死在父权、夫权、族权、绅权（伦常礼制的具体代表和执行者）之下的人不计其数，更为中国先进士大夫和近现代知识分子所痛心疾首和强烈抨击。百年来的反复论争似乎结论相当明确：必须采取现代西方法治，舍弃以伦常替法律、以人情代理性的传统"礼法"。在20世纪最初十年的清末立法讨论中，这一要点便已突出；[1] 到20世纪末，当然更成为呐喊的强音。

不过由于社会的公私生活及其长久形成的观念习俗、情理结构并非一朝可以逝去，现代法治构想与中国现实生活（特别是仍占最多人口的农村农民生活）便展露出某种矛盾。张艺谋的电影《秋菊打官司》以艺术形象显示了这一点。村妇秋菊因村长踢伤丈夫而"打官司"，她冲破千难万阻，终于胜诉：将村长按法拘捕。但这个官司在现代法律上的胜诉，却既违背了秋菊本人原来"打官司"的意愿（她只想"讨个公道说法"），而且也将使秋菊在村人中失去同情而孤立，和秋菊本人内心产生深重的愧疚（因村长曾无私地帮助过秋菊的分娩等等）。从而，"官司"的胜诉反而变得荒谬可笑，它"合理"（符合现代法律条例）却不"合情"（和睦的邻里人际感情），并有害地影响了今后相处的长期关系。电影是艺术虚构，但类似的实际事例在今日农村生活中并不少见。如何深入探索这一现象值得研究。已有学者指出："在乡土社会的背景之下，借助于国家法律的强制力量来实现个人权

---

[1] 参阅杨幼炯《近代中国立法史》第一篇，商务印书馆，上海，1936。

利,这种办法是否恰当和有效,仍是一个值得认真思考的问题。""我们必须承认,正式的法律并不因为它们通常被认为是'现代的'就必然地合理,反过来,乡民所拥有的规范性知识也并不因为它们是传统的,就一定是落后和不合理。"[1]如前所说,中国传统不愿兴诉讼、上法庭,原因之一也就在此。就个人说,是破坏了人情关系;就社会说,诉讼一多,也就削弱了整体的和谐和稳定,失去其原有的"守望相助,出入相扶持"的理想的人际关系和人际感情。本来,中国社会以"务农为本",安土重迁,累世聚居,左右非亲即故,非族即友,从而情义为怀,交深谊重,这比所谓"一时衅起"的纠纷,比法庭的是非裁决远为重要。这是"儒法互用"中"以儒为主"为什么取得成功的现实原因,也是为什么如前所述,会确认有高于是非曲直、公平正义等理性价值之上的"人情""礼制"的历史原因。

但是,"世味年来薄似纱,谁令骑马客京华"。中国社会的生活实体现在正处在大改变之中。工业化、都市化、生活消费化带来的个人独立、平等竞争、选择自由、家庭变小、血缘纽带松弛、乡土观念削弱……等等状况,使人情淡薄,利益当先。数千年传统所依据的背景条件几乎全失,而且也使人情本身有了变化:不再是稳固的血缘亲情,而是不断变异着的个体关系之情,逐渐占据主导。"道理上无可厚非,

---

[1] 梁治平:《传统及其变迁:多元景观下的法律与秩序》,见《二十一世纪》总第47期,第153页、155页,香港,1998。

情感上难以接受"的过渡状态也在改变;习以为常,"理"也可以就是"情"。特别是长期的人治社会中,由于"徇情枉法"所造成的遍地冤案,特别是经过"无法无天"时代的惨痛教训之后,要求维护个人权利为根本,实行"在法律面前人人平等"的现代理性法治,并以西方为模拟标本,即使有"乡土中国"的扞格阻拦,也将无可避免地成了大势所趋和当务之急。

可目前面对的是,西方法治特别其原子式的个人主义为假定基础,也面临巨大问题。社会纯以理性和契约来维持,并未见得完美无缺。社群主义(Communitarianism)对启蒙时代以来崇尚的理性原则正进行挑战和进攻。如何为人类未来寻找一条比纯凭理性支撑的社会架构和秩序更为圆满幸福的道路,焦灼地开放在人们面前。

中国在跨进现代,却被迫必须展望后现代。中国正急于需要工具理性作社会支撑,却又必须及早看到理性的局限和可能导致的危害。从而,回顾传统和借鉴历史,能否转化性地创造新一轮的"儒法互用"?也就是说,中国儒学传统所重视的"情"——"人情",作为社会存在和人际关系的一个实在方面,能否在今后的"公私生活"中,在今后的法律制度的建构和调整中,仍能开启某种建设性的作用呢?以亲子为轴心而展开的人际感情和人际关系,能否在未来社会中仍可扮演某种建设性的角色?所有这些,似乎并不是不值一顾的问题。

我曾提出"社会性道德"与"宗教性道德"相互区分

而又互补互用的说法。[1]所谓"社会性道德",即梁启超在20世纪初提出的"公德",它建立在现代法治基础之上(或现代法治以它为基础),是现代生活所赖以维持的共同原则、规范、秩序、价值观念和行为方式,它就是前面讲到的自由、平等、人权、民主等等。它既与一定的时代条件相关联(从而具有相对性、历史性),又与政治、法律紧相联系,密不可分,他律性很强,是规范伦理。中国大陆今天所急需的,是这种建立在个人主义基础上的程序民主、选择自由,急需摆脱各种外在干预、主宰和控制。尽管不必同意其根本理论,但仍应尽量吸取现代自由主义作为今天的立法准则。"宗教性道德"即梁启超所谓的"私德",在中国,这也就是传统儒学所宣讲的那一大套。它以情义为重,与信仰攸关,关乎个体的终极关怀或安身立命。如果说,"社会性道德"是对现代生活和生存的伦理规范,追寻的是自由、平等和人权;那么,"宗教性道德"则或可说是起于对死的恐惧、忧伤和思索而产生的人生希望和心灵寄托。它不是规范伦理,而是自律性极强的美德伦理,追寻的是"善"。从而,它是多元而可供选择去皈依的。什么是善?各宗教学说和伦理理论有各种不同说法:有的舍身饲虎,有的背负十字架,有的学习雷锋,有的以"圣战"为责。但也有以亲恩为重、交谊为怀、恋情人际乡土,以此界为彼岸,这也就是传统儒学。如何将这种重人间情义并以之为本体实存,来作为信仰,作为皈

---

[1] 参阅拙著《哲学探寻录》、《论语今读》等。

依、注入、渗透在以个人权利、利益基础上的社会生活、秩序、规范中，以超世俗的境界、精神（宗教性私德），来履行世俗性的义务和职责（社会性公德），虽父子别居而亲情正浓，虽财产独立而提携尚在，虽贫富不同而友谊平等，赋予个人利益、社会契约、启蒙理性以更温暖的人情色调、亲切感受和和睦氛围。更多的协商调解，更多的人际互助，更多的自治自理，减少法庭裁决，和缓理性竞争，削弱残酷争夺，以实现新一轮的"儒法互用、礼法交融"，这是否也值得进一步追求探索呢？也许，这只是可笑的梦想？但具体说来，如完善、发展重视人情强调和睦的现行"人民调解制度"，以"和稀泥"的方式来调解纠纷、冲突，不追随以正义（Justice）为准绳的全赢全输的理性法则，就不必事事上法庭兴诉讼。调解不成，再打官司，又不剥夺每个人追求正义的权利。这不就是"宗教性道德"对"社会性道德""范导"而不"规定"的作用吗？又何尝是梦想？而这，只不过是举一个例证而已。

　　与传统"儒法互用、礼法交融"的根本区别在于，今日首先必须将"社会性公德"与"宗教性私德"明确区分开来，这样才能解构"政治、伦理、宗教三合一"的传统人治，不致情理混淆，徇情枉法，使人情关系破坏法治。在明确区分的基础之上，再研讨"宗教性私德"对"社会性公德"的范导和渗入，以冲出 Max Weber 所谓工具理性所造成的现代铁笼（Iron Cage），也不同于 C. Taylor、A. MacIntyre 等人所倡导的社群主义和美德伦理，因为他们恰好是不区分这两种道德。A. MacIntyre 要求"社会性道德"建立在美德伦理的基础之上,抨击理性和启蒙,要求回到亚里士多德。我以为,这是无济于事和无补于世的。

当然,问题非常复杂和困难,更不是这篇提要性的短文所能讲述于万一。本文如同许多拙著一样,目的只在提供问题,提请注意;所提是否合宜,愿闻诸公明教。

Simplified Chinese Copyright © 2014 by SDX Joint Publishing Company.
All Rights Reserved.
本作品中文简体版权由生活·读书·新知三联书店所有。
未经许可，不得翻印。

图书在版编目（CIP）数据

回应桑德尔及其他／李泽厚著．—北京：生活·读书·新知三联书店，2014.4
ISBN 978-7-108-04071-8

Ⅰ.①回… Ⅱ.①李… Ⅲ.①政治哲学-研究 Ⅳ.①D0

中国版本图书馆 CIP 数据核字（2014）第 017268 号

责任编辑	舒　炜
装帧设计	蔡立国
责任印制	徐　方
出版发行	生活·讀書·新知 三联书店
	（北京市东城区美术馆东街 22 号 100010）
网　　址	www.sdxjpc.com
经　　销	新华书店
印　　刷	北京鹏润伟业印刷有限公司
版　　次	2014 年 4 月北京第 1 版
	2014 年 4 月北京第 1 次印刷
开　　本	880 毫米 × 1092 毫米　1/32　印张 5.75
字　　数	112 千字
印　　数	00,001-15,000 册
定　　价	35.00 元

（印装查询：01064002715；邮购查询：01084010542）